U0612678

农地经营权抵押融资的实施效果及对供需主体行为影响研究

NONGDI JINGYINGQUAN DIYA RONGZI DE SHISHI XIAOGUO
JI DUI GONGXU ZHUTI XINGWEI YINGXIANG YANJIU

陈淑玲　著

中国农业出版社
北　京

周志跃 著

中国农业出版社

前言 FOREWORD /////////

本书是作者在博士论文的基础上，在教育部人文社会科学研究项目"跨期信贷合约下农地经营权抵押供需主体异质性与融资纾解模式研究"（项目编号：20YJCZH030）、国家社会科学基金项目"乡村振兴战略下生产要素回流农村的吸纳主体与集聚平台研究"（项目编号：21BJY153）支持下，经过进一步修订、补充完成的。

当前，在乡村振兴的大背景下，农村土地问题和农村金融问题是最核心的问题。以农民为代表的农业生产主体，由于缺乏农业生产经营资金，进而影响农业生产，影响农民收入，影响乡村振兴。所以，农业土地问题和农村金融问题，关系着"三农"问题的解决。农村土地"三权"分置，即将农村土地的所有权、承包权和经营权进行分离，使得农村土地的经营权抵押成为现实，为解决农业生产主体的资金瓶颈，提出了可行的科学思路。对于农村土地经营权抵押，中央及地方各级政府的态度非常积极。2016年3月15日，中国人民银行、中国银行业监督管理委员会、中国保险监督管理委员会、财政部、农业部联合印发了《农村承包土地的经营权抵押贷款试点暂行办法》，各地政府也开始了新一轮的探索进程。农地经营权抵押融资实施涉及多方参与的利益主体，各主体基于自身利益考虑，会产生不同的行为动机和行为结果。因此，农地经营权抵押融资实施效果是否达到预期，需要重点研究构建"三位一体"评价指标进行效果评价，通过农地经营权抵押融资对各参与主体行为的影响，将各参与主体的利益联结起来，进而规范各方行为，进一步提出改进路径，确保农地经营权抵押融资的顺利实施及实现预期效果。

　　本书以农地经营权、农地经营权抵押融资、农地经营权抵押融资主体及行为、农地经营权抵押融资效果等概念为切入点，以制度变迁理论、利益相关者理论、福利经济学、行为经济学为基础，阐述了农地经营权抵押融资的发展历程，分别从供给主体、实施原则、需求主体、融资运行模式、融资期限与利率、风险补偿机制等方面介绍了试点地区农地经营权抵押融资发展的基本现状。本书第 4 章进入实证分析阶段，结合中国银行保险监督管理委员会黑龙江监管局和中国人民银行哈尔滨中心支行的内部数据和黑龙江省 7 个地级市（哈尔滨、齐齐哈尔、牡丹江、佳木斯、双鸭山、绥化、鹤岗）所辖的 12 个县（区）的实地调研问卷回访数据，利用德尔菲法—层次分析法（AHP）—灰色关联分析法对黑龙江省农地经营权抵押融资实施效果进行了评价，揭示了供需主体行为直接影响效果的实现，为此，进一步探究基于供需主体维度的农地经营权抵押融资实施效果偏低问题至关重要。第 5 章结合黑龙江省 7 个地级市所辖的 12 个县（区）里的 16 个乡镇的实地调研数据，基于"意愿—响应—违约"的分析框架，利用 Logist、Probit 回归分析方法研究了农地经营权抵押融资对需求主体行为的影响，揭示了农地经营权抵押融资的农户需求行为产生的内在机理。第 6 章结合中国人民银行哈尔滨中心支行的内部数据，基于"意愿—响应—违规"的分析框架，依据"动机—现实表现—实证"逻辑结构，利用 Probit 回归分析方法对黑龙江省农地经营权抵押融资的金融机构融资供给意愿进行了分析，利用成本加价法对金融机构的农地经营权定价行为进行分析。还利用层次分析法对金融机构信贷人员违规行为进行了分析。第 7 章结合农地经营权抵押融资实施效果及对供需主体行为影响的分析，提出提升农地经营权抵押融资实施效果的目标与基本原则、改进路径和具体措施等政策建议。第 8 章通过农户土地转出意愿的影响因素、新型农业经营主体培育与农村地区经济转型升级的关系分析，得出了农地经营权抵押融资相关产品的部分或间接有关影响结论。第 9 章为结论，对全书进行总结。

　　本书构建了农地经营权抵押融资实施效果研究的总体框架，能够对涉及农地金融领域的其他研究给予相应的学术启示，适用于农业经济管理领域的学者阅读，同时也适用于农业经济管理专业研究生开拓农地金融研究思路。本书提供了解决农地矛盾和纠纷，解决农业生产资金不足问题的思路和方法，适合在我国各级农业部门和土地部门推广。

　　当然，农地经营权抵押融资经历了从探索期、确立期、发展期的推进过程，而且也将继续发展下去，可见整个过程会是漫长而复杂的，政策环境的稳定可持续是必不可少的，但从目前的情况可知，其还存在很多的矛盾和冲突，许多研究结论还有待于进一步验证。同时，由于笔者自身存在的认知等制约，可能会对一些已有的理论理解不够全面，进而对论文的严谨性产生一定的制约。本书研究难免存在不足，还希望读者批评指正。

著　者

2022 年 3 月

目 录 CONTENTS ////////////

1 | 引言

1.1 研究背景与意义

1.1.1 研究背景

"三农"问题与乡村振兴和中国梦的实现紧密相关，也是社会稳定和发展的重要因素。"三农"的发展离不开政策的导向更离不开资金的支持，而农村金融是解决"三农"资金短缺的重要途径。当前，伴随中国农业现代化的进程，农业规模化发展迅速，农村经济发展呈多样化，作为农业生产的主要投入者——农户的金融需求更为强烈。然而时至今日，农户"融资难、抵押难、担保难"和农村金融机构"难贷款"现象仍然存在，农村资金的短缺矛盾并未改变，究其原因，缺少有效抵押物是重要因素之一。为解决这一问题，中国农地制度改革不断深化，农地产权也迈入"市场"范围，打破原有规则，把农地经营权作为财产权进行重新设计和重视。随之，农地经营权抵押融资拉开了帷幕。

我国政府对农地经营权抵押融资高度重视，2008 年中国人民银行提出并开展"创新贷款担保方式，扩大有效担保品范围"揭开了农地经营权抵押的新篇章，首选中部 6 省和东北 3 省有条件的 2~3 个县（市）试点。2013 年在《中共中央关于全面深化改革若干重大问题的决定》中确立了土地抵押的流转方式。2014 年中央 1 号文件《中共中央 国务院关于全面深化农村改革　加快推进农业现代化的若干意见》中，提出"允许承包土地的经营权向金融机构抵押融资"。同年 4 月，国务院办公厅明确指出要创新农村抵（质）押担保方式，并在经批准的地区进行试点。2015 在《关于开展农村承包土地的经营权和农民住房财产权抵押贷款试点的指导意见》中进一步明确了农地经营权抵押融资的指导思路。同年 12 月，进一步提出 232 个县（市、区）行政区域的试点推进范围。2016 年 3 月，中国人民银行、中国银行业监督管理委员会、中国保险监督管理委员会、财政部、农业部联合下发了《农村承包土地的经营权抵押贷款试点暂行办法》，全国开始大力响应并进一步推进此业务的改革。2017 年中央 1 号文件《中共中央　国务院关于深入推进农业供给侧结构性改革加快培育农业农村发展新动能的若干意见》中提出"加快农村金融创新，推进农业供给侧改革"，要求加快农村金融创新，强调农地经营权的抵押和担保权能。2018 年中央 1 号文件《中共中央　国务院关于实施乡村振兴战略的意见》中明确指出可以用农地经营权向金融机构进行融资担保。2019 年中央 1 号文件《中共中央　国务院关于坚持农业农村优先发展做好"三农"工作的若干意见》提出允许承包土地的经营权担保融资。由此可见，政策的支持让农地经营权抵押融资渐渐变成缓解农户和金融机构"贷款难"和"难贷款"的焦点。

　　农地经营权抵押融资能够激活农村资金的使用效率、能够增加农民融资的渠道、能够简化农业生产融资的程序，符合现阶段农村经济发展的大趋势。随着 2008 年农地经营权抵押融资确立以来，在政策的大力支持下，其试点已扩大到全国范围，而且融资模式根据各地经济社会现状呈现多种形式，农地经营权抵押融资业务得到了前所未有的需求前景，到 2016 年末，全国范围试点融资余额达到 140 亿元。黑龙江省于 2008 年 10 月被中国人民银行确定为首批农村金融产品和服务方式创新试点省份，在农业生产大县（区）肇东、呼兰、北林、克山、富锦、依安六地启动黑龙江省农地经营权抵押贷款试点工作。2013 年，对新型农业经营主体选择在克山、依安、方正等县开展创新融资模式，截至当年年末开办了农地经营权抵押贷款余额 99.58 亿元。截至 2014 年年末，黑龙江省有 58 个县（市）办理这项业务的融资金额达到 137.9 亿元。2015 年 12 月，国务院启动农村"两权"抵押贷款试点工作，黑龙江省 15 个县（市、区）成为农地经营权抵押贷款试点；截至年末，黑龙江省农地经营权抵押贷款余额达到 158.23 亿元。2016 年 6 月末，黑龙江省试点农地经营权抵押贷款余额 71.8 亿元，排全国首位，占全国贷款余额（134 亿元）一半以上；截至 2016 年年末，黑龙江省农地经营权抵押贷款余额达到 187.617 7 亿元。截至 2017 年三季度末，全省 15 个农地试点涉及农地经营权抵押的贷款余额达到 79.55 亿元，比年初增长 52.79%；以承包土地的经营权为单一抵押的贷款余额为 31.78 亿元，比年初增长 36.81%。截至 2017 年年末，黑龙江省农地经营权抵押贷款余额达到 177.78 亿元。截至 2018 年年末，黑龙江省农地经营权抵押贷款余额达到 208.30 亿元，为实施乡村振兴战略提供了有力的资金支持，也为缓解农户日益增长的资金需求和金融机构约束性供给之间的矛盾做出了贡献。

　　可见，农地经营权抵押融资已成为政府通过金融市场支农的重要手段，农地经营权抵押融资对我国现阶段农村金融的发展起到了积极有效的作用。但是，随着农地经营权抵押融资的推进也出现了很多问题：一方面，农地经营权作为特殊的抵押品，在农业生产风险不确定性的情况下，很多农户顾虑重重，害怕失去生活保障的土地资源，即便有资金需求，有融资意愿，也不敢轻易去响应，抑制了业务的推进效果；另一方面，由于农地经营权这一创新抵押品，一旦农户违约，农地经营权抵押权进行处置变现困难，导致机构经营风险，引致金融机构对此业务的供给意愿及响应不足。从目前的理论和实践探索中发现供需主体融资意愿、响应行为是抑制业务进一步推进和效果实现的难点问题，特别是在经济新常态下，伴随着经济增速下调，建立健全化解这些问题的方式尤为紧迫。因此，农地经营权抵押融资实施效果如何、对供需主体行为的影响情况、如何改进等问题是实践中的重点、难点，引起政界和学界的普遍关注。

农地经营权抵押融资效果研究既是对现有农地经营权抵押融资情况的归纳和总结，又是进一步提升农地经营权抵押融资效果的关键点。故此，本书在农地经营权抵押融资效果评价的基础上，分析农地经营权抵押融资对供需主体行为的影响，从而提出实施效果提升的策略。一方面，既可以促进资金供需双方的信贷意愿，又可以减少供需主体农地经营权抵押融资风险，更可以提高供需主体的响应行为，从而实现农地经营权抵押融资供需主体的衔接，进一步引导业务的可持续发展，真正实现国家有关土地经营权抵押融资效果的理想目标；另一方面，也可以为政府完善农地经营权抵押融资、提升农地经营权抵押融资实施效果做出理论和实证的参考，真正实现农地经营权抵押融资的可持续发展。

1.1.2 研究的目的

本书通过国内外研究的借鉴，在福利经济学、行为经济学、制度变迁等理论知识应用的基础上，使用统计分析、德尔菲法、层次分析法、灰色关联分析、回归分析等分析方法对农地经营权抵押融资效果进行理论和实证分析，并根据分析结果，探讨农地经营权抵押融资效果提升的策略。详细目的包含如下。

（1）对农地经营权抵押融资的发展历程及实施现状进行归纳和梳理，从而深入了解其演变脉络和发展情况，进而找出实施中存在的不足和制约因素，为决策部门完善政策提供理论和现实依据。

（2）对农地经营权抵押融资实施效果评价指标体系进行构建的基础上，通过定性与定量方法对农地经营权抵押融资实施效果进行分析，进而找出哪些主要因素影响抵押融资实施效果，为农地经营权抵押融资效果提升和政策完善提供参照。

（3）分析农地经营权抵押融资对供需主体行为的影响，探究其影响机理，找出农地经营权抵押融资执行中存在的困境，及时纠正妨碍农地经营权抵押融资进一步推进和发展的因素，为决策部门完善农地经营权抵押融资政策提供依据。

（4）对农地经营权抵押融资效果进一步提升提出建议，以期为政府制定和完善地方乃至国家层面的农地经营权抵押融资发展决策提供参考。

1.1.3　研究的意义

农地经营权抵押融资作为一种创新的农村金融产品是现阶段解决农户融资难问题的有效途径，为确保农地经营权抵押贷款业务顺利发展，本书对现阶段农地经营权抵押融资效果进行评价，深入分析农地经营权抵押融资效果的制约因素，在此基础上研究农地经营权抵押融资对供需主体行为的影响，进而提出农地经营权抵押融资效果提升的策略，对我国缓解农村资金供需主体矛盾有理论和现实意义。

1. 理论意义

一是分析农地经营权抵押融资实施效果，丰富农地经营权抵押融资理论研究。于 2008 年起，我国农地经营权抵押融资步入正轨。目前，农地经营权抵押融资业务正如火如荼地开展，但与农地经营权抵押融资推进和发展相比，没有及时跟进研究的是农地经营权抵押融资执行效果评价。所以，本书从农户、金融机构、政府三大利益相关主体出发，基于农地经营权抵押融资实施效果评价指标体系构建的基础上，研究其实施的效果，能有效解决黑龙江省农地经营权抵押融资存在的问题，为探讨农地经营权抵押融资效果改进的路径提供理论依据，拓宽了其研究视角。

二是分析农地经营权抵押融资对供需主体行为影响，完善农地经营权抵押融资制度。本书基于"意愿—响应—违约（违规）"的分析框架来对农地经营权抵押融资供需主体（金融机构、农户）行为进行深入研究，能够减少供需主体的违约违规行为，提高供需主体融资意愿和响应行为，是提出农地经营权抵押融资未来效果提升的政策设计的依据，能够促进和完善农地经营权抵押融资制度创建提供理论依据，也是对农地改革和农村金融理论的有效补充。

2. 实践意义

一是对梳理和评价农地经营权抵押融资实践具有显著意义。伴随我国农地经营权抵押融资试点快速发展的同时也出现许多问题，通过正常效果评估，可以找到存在的困境和制约因素，也可以探寻到让其效用发挥最大化的完善策略，从而达到政府制定政策和涉及相关利益主体的预期效果。从实践运作看，农地经营权抵押融资实施效果如何？对供需主体行为带来哪些影响？就需要对农地经营权抵押融资实施效果的指标体系进行科学测度。本书在现有研究的基础上，构建农地经营权抵押融资正常效果的评价指标体系，科学、系统、全面地对农地经营权抵押融资实施效果从不同角度进行分析，对当前全面开展的农地经营权抵押融资是十分必要的，也为农地经营权抵押融资试点的有序推进及后续发展提供决策参考。

二是对农地经营权抵押融资发展提供新思路。作为创新业务，其发展过程中会出现政府监管不到位、农户还款能力不足、金融机构供给意愿不强等诸多问题。应如何解决农地经营权抵押融资实施过程中的问题，激发供需双方的融资意愿和融资行为，实现国家农地经营权抵押融资的目的和预期，那么就需要对引起供需双方行为的因素展开研究，进而提出效果提升策略。所以，农地经营权抵押融资效果提升策略的提出是农地经营权抵押融资可持续推进的出发点，具有重要的现实意义，为黑龙江省乃至全国的农地经营权抵押融资推进和发展提供改革思路与建议。

三是对促进农村经济发展有重要意义。农地经营权抵押融资能够激活农村资金的使用效率、能够增加农民融资的渠道、能够简化农业生产融资的程序，符合现阶段农村经济发展的大趋势。随着 2008 年进入农地经营权抵押融资确立期以来，尤其是 2013 年确认农地经营权抵押的流转方式后，2013—2018 年每年年末，黑龙江省农地经营权抵押贷款余额分别是 99.58 亿元、137.9 亿元、158.23 亿元、149.60 亿元、177.78 亿元、208.30 亿元，为实施乡村振兴战略提供了有力的资金支持，也为缓解农户日益增长的资金需求和金融机构约束性供给之间的矛盾做出了贡献。因此，通过发挥农地经营权抵押融资作用对当地农村经济具有重大的发展意义。

总之，农地经营权抵押融资在农村深化改革、经济发展、农业现代化、乡村振兴等方面都有不可忽视的作用，同时也是缓解农户、金融机构之间供需矛盾的有效方式。农地经营权抵押融资效果及对供需主体行为影响研究急需相应理论来支撑，这是一个具有重要实践意义的课题，所以，有必要深层次对农地经营权抵押融资实施效果、对供需主体行为影响及如何进一步提升和改进等问题进行探讨，以期实现农地经营权抵押融资可持续推进。

1.2 国内外研究动态和趋势

1.2.1 国内研究文献综述

以"农地经营权抵押"为搜索引擎在"中国知网"（CNKI）中进行检索发现，从 2008 年中国人民银行提出创新有效贷款担保品范围，揭开农地经营权抵押融资试点以来，农地经营权抵押融资的研究成果呈上升趋势，并且分别在 2009 年（2008 年提出创新有效抵押品）、2013 年（2013 年确立了土地抵押的流转方式）、2015 年（2015 年下发农地经营权抵押融资试点指导意见）、2016 年（2015 年开展试点指导条例）达到波峰（图 1-1）。研究内容包括农地经营权抵押融资支持和反对观点、法律制度、主体、模式、风险及国外的对比等方面。根据本书的内容，从以下四个方面对现有文献进行综述：农地经营权抵押融资目的、效果、供需主体、完善建议。

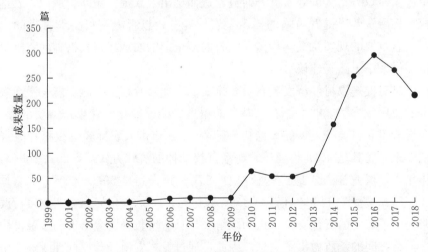

图 1-1 1999—2018 年农地经营权抵押有关研究成果的数量变化

1. 农地经营权抵押融资的目的

国内相关学者认为，农地经营权能够用于抵押主要是从三个方面进行权衡，即金融体系的完善、农户资金需求的缓解和农村经济的发展。

（1）农村金融体系的完善。吴文杰（1997）认为，农地经营权抵押制度是农村改革的深化创新，利于农村信用体系的健全，利于"支农"资金成本的降低、利于农地流转市场的建立。王选庆（2003）认为，农地经营权抵押融资是我国农地金融制度和管理上的创新。陈家泽（2008）认为，农地经营权抵押融资是实现土地资本化的重要途径。另外，郭骊等（2010）、施晓琳（2002）、王铁（2008）、邵传林和霍丽（2009）从农村金融自身体系不健全出发，认为农村土地银行的建立是农地经营权抵押融资顺利实施的保障。同时，土地银行的建立有利于现代农业的发展、有利于实现规模经营、盘活农村沉睡的资源、改善农业生态环境，是一种符合国家发展和农村经济发展的内在逻辑。赵军洁等（2016）认为，推进农地经营权抵押贷款是实现金融支持现代农业发展的有效途径。

（2）缓解农户资金的需求。 刘卫锋（2009）认为，随着日益增长的农户资金需求，农地经营权抵押融资推行势在必行。肖诗顺（2010）认为，农地经营权抵押融资政策的实施具有解决农村金融供需矛盾和农地资源优化配置的功能。刁怀宏（2005）认为，农地经营权抵押融资能够缓解农户与银行的关系，确保农户贷款的可得。陈建新（2008）基于信贷技术的视角认为，抵押农地经营权是农户最理想、最便捷、最快速获得资金方式。陈小君等（2010）基于4省480户的实地调查显示，农户有农地经营权抵押融资诉求的占绝大多数。曾庆芬（2010）基于成都试验区调查，得出调研农户中接近50％的农户认为抵押融资农地经营权是满足资金需求的有效融资工具。杨圣奎（2015）认为，农地经营权作为融资的有效抵押物，是缓解农业生产"融资难"的重要途径。

（3）发展农村经济。 张合林等（2007）认为，农地经营权抵押融资对农业流动资金的投入、农村经济的增长、农民和金融机构资金矛盾的缓解具有重要作用。刘方健（2008）、厉以宁（2008）认为，抵押融资农地经营权的农地产权改革是农村消除贫困的不可或缺的途径。另外，邓大才（2000）、高海（2009）等一些学者基于农地制度变迁视角，从历史和经验出发，认为赋予农民农地经营权抵押融资的权利是农村市场化改革成功的重要方式。李延敏（2005）、张笑寒（2007）、罗剑朝等（2015）、高名姿（2018）等基于国外的农地经营权抵押实验和经验，认为我国目前应建立多元化的农地经营权抵押制度才是促进农地贷款发展的有效措施，是农村经济发展的手段。

2. 农地经营权抵押融资效果

农地经营权抵押融资从2008年提出至今，到底实施效果如何？纵观目前的文献资料只有五篇文献就此问题展开讨论，而且都是从供给和需求角度分别对效果进行评价的，并没有将供需放在统一框架内进行研究。政府作为政策的制定、监督执行的主体，其作用也不容忽视，因此本书将供给主体、需求主体、政府三个核心主体放在统一的架构内进行效果评价。

梁虎（2018）基于农户调研微观数据，从农地经营权抵押融资政策对农户信贷可得、及对农户收入的作用和金融机构开展此业务的意愿角度深入分析了农地经营权抵押融资的试点实施效果。曹瓅（2017）基于实地调研数据从需求侧和供给侧以及二者相结合分别通过对比两种不同模式的综合试点效果。俞滨、郭延安（2018）基于实证调研，在效用函数行为模式框架下，研究了农地产权变革创新对农地经营权抵押的供给和需求会产生双重效应，其作用结果不仅关系农地产权制度改革的政策效果，而且关乎农地金融政策导向。宋国庆（2018）从农民申贷角度对土地经营权抵押贷款绩效进行评价，研究结果表明，土地经营权抵押贷款让农民更容易获取贷款，贷款数额也更能得到满足，缓解资金不足对农户生产的影响，同时，阐述了农户对农地经营权抵押融资的满意度总体上较高。马嘉鸿（2016）分别从供需主体层面评价了农地经营权抵押融资的绩效，详细分析新品种的贷款方式对农户和金融机构的影响作用，以期为农地经营权抵押融资的发展提出健全的对策。

3. 农地经营权抵押融资供需研究

（1）农地经营权抵押融资需求主体研究。第一，农户农地经营权抵押融资意愿及影响因素探讨。林乐芬等（2009）基于泰州市实地调研，指出农户对农地经营权进行抵押融资意愿强烈。庞凡想等（2017）认为，教育、年毛收入、耕地面积、贷款利率、期限对农户抵押融资的意愿有显著影响。马鹏举、罗剑朝（2013）、刘婷婷等（2013）认为，家庭人口数、耕地面积大小、家庭收入多少、主要社会关系给农户农地经营权抵押融资带来显著影响。惠献波（2013）基于四个试点县实证，构建二元 logistic 回归模型，指出正规银行贷款经历、家庭收入主要来源、性别和年龄给农户抵押融资意愿带来显著影响。马智宇（2015）通过 Logistic 模型，分析出年龄、职业、家庭收入、家庭规模和耕地规模等是影响农户是否愿意将农地承包经营权抵押的主要因素。陈晋丽（2015）通过从农地面积、收入水平、经营类型、经济地区四个角度分析对农户农地经营权抵押贷款意愿的实证研究，发现不同类型农户融资意愿的影响因素有差异也有共性。苏岚岚等（2017）运用 Bivariate Probit 和分组回归模型，检验了金融知识影响农民农地经营权抵押贷款需求的机理。

第二，农户农地经营权抵押融资行为及影响因素探讨。付兆刚、郭翔宇等

（2017）基于黑龙江省试点地区的实证数据，指出试点的数量和规模、贷款利率、贷款手续、社会保障等方面对农户抵押融资需求行为产生影响。李弘元（2017）基于山东省临沂市沂南县试点农户的实证分析，得出受教育程度、土地面积、是否接受过职业农民培训、性别、对政策的认知与农户农地经营权抵押融资行为呈显著正相关；外出打工经历、年龄与农地经营权抵押融资行为呈负相关。庸晖、罗剑朝（2014）基于宁夏农户问卷调查实证，得出农户所在地、性别、文化程度、农村信用合作社数目等负向影响农户农地融资的决策，劳动力人数和政策了解度正向影响农户农地融资的决策。

第三，农户对农地经营权抵押融资满意度探讨。李景初（2018）以河南省农户为调查样本，通过实证分析，得出农村土地经营权抵押贷款政策满意度比较理想；其中，文化程度、土地面积、机构诚信、产品设计等变量是影响农村土地经营权抵押贷款政策满意度的关键因素。梁虎、罗剑朝（2018）运用 IV Ordered Probit 模型，利用 447 户农户问卷调查数据，得出对农户整体满意度重要影响的是产品设计、产生的效果和金融机构经营情况等；林忠琪等（2018）通过对崇州市已经申请到土地经营权抵押贷款的部分农户进行土地经营权抵押贷款满意度问卷调查，应用结构方程模式实证了对农地经营权抵押融资的满意度。结果表明，从整体满意度来看，接近半数（42.86%）的农户表示对土地经营权抵押贷款满意；感知有用性、感知易用性以及农户的正规信贷经历都显著影响农户满意度，众多因素中，最为显著的影响因素是感知易用性。其中，不满意的主要原因是贷款流程复杂、贷款期限短。

（2）供给主体供给意愿及影响因素研究。供给主体供给意愿的研究主要从理论和实证两个方面予以阐述。韩喜平等（2014）认为，由于不同的偏好，农村正规金融机构对农户申贷存在歧视现象。张龙耀等（2011）认为，在农地评估价高和农地保障作用非常小同时具备时农村金融机构才有农地经营权抵押融资意愿。朱英刚等（2009）认为，政府推行的农地经营权抵押受到抵押品价值低、规模不大等影响并未受到金融机构重视，其不愿意以此为抵押物提供贷款给农户。杨公齐（2013）认为，农地经营权的抵押价值不高使信贷员没有足够的供给意愿。同时，机构的贷款约束额度低使农户的农地经营权抵押融资需求不能满足。

林乐芬等（2011）基于浙江省宁波市的实证，认为农地经营权抵押价值和处置风险反向影响融资供给积极性，而对农地经营权抵押融资有关政策的满意度正向影响供给积极性。丁丽红等（2013）基于辽宁省沈阳市法库县的实证，也得出相似的结论。黄惠春（2014）基于江苏试点地区的实证，认为金融机构对大农户的农地经营权抵押融资供给意愿很强烈，而对小农户缓解贷款难的作用不大。陈峥（2018）基于山东省泰安市农村商业银行信贷员的调研，运用Probit 分析了农地经营权抵押融资供给意愿，得出信贷员的学历、信贷经验、地区经济条件等对融资供给意愿正向影响显著。林乐芬等（2016）基于江苏省徐州市等地的家庭农场调研数据，指出抵押产品涉及面、农业保险覆盖面、信用体系、产权交易市场等影响金融机构资金的供给。黄惠春等（2013）从信贷员的角度出发，得出农地经营权收回困难是影响信贷员不响应供给的重要原因。

4. 农地经营权抵押融资完善的建议

(1) 对农地经营权抵押融资运行模式探讨。目前，农地经营权抵押融资模式呈多元化趋势，下面主要从融资模式的具体案例和模式优化两个方面来梳理。以期进一步推进农地经营权抵押融资效果，让农户获得生产所需资金，让金融机构持久提供农业生产信贷投入，从而缓解农业生产资金的供需矛盾。

第一，农地经营权抵押融资地区模式具体案例。李爱喜（2005）、王选庆（2003）、肖艳霞（2007）、高锋等（2009）、欧阳国（2010）、燕星辰等（2010）认为，呈现多元化的农地融资模式归纳起来主要包括三种形式，即基金担保、入股和直接申贷。据此，以下学者从个案入手，进一步研究了各地模式的具体不同类型。闫广宁（2008），杨国平等（2009），王平等（2010），吴海涛等（2011），刘希忠等（2012），张龙耀等（2015），于丽红、兰庆高等（2015），黄惠春（2016），吴婷婷（2017），纪秀江（2018）等在各自调研的基础上总结了土地经营权抵押融资的各种不同模式（表 1-1）。此外，安海燕等（2016）从农地经营权抵押融资制度变迁的方向出发，认为存在三种类型模式，即政府供给推动、供给主体（金融机构）的供给推动和需求主体（农户）的需求推动。综上所述，各地的融资模式虽不尽相同，然而都是一种实验和探索，因此，各地需要依据不同的经济、土地等差异选择有利于自己发展的运行模式。

表 1-1 国内学者对农地经营权抵押融资个案模式研究的文献汇总

年份	具体地区	学者观点
2008	宁夏回族自治区吴忠市同心县	提出农村信用社开展抵押贷款的操作模式
2009	湖北省荆门市	提出担保公司提供担保、直接抵押申贷模式
2010	重庆市开县	提出"土地承包经营权抵押＋公司贷款"模式

（续）

年份	具体地区	学者观点
2011	黑龙江省大庆市杜尔伯特蒙古族自治县	提出"传统五户联保＋第三方担保人"抵押融资模式
2012	黑龙江省	探索"银行＋合作社＋融资担保公司＋保险＋核心企业"模式
2014	江苏省徐州新沂市与宁夏回族自治区吴忠市同心县	提出"资产主导型"与"关系主导型"两种模式
2015	湖北省武汉市	提出"交易—鉴证—抵押"为核心的抵押融资模式可复制
2016	江苏省徐州新沂市	提出"直接型"农地经营权抵押贷款模式能提高农户的贷款可得性
2017	江苏省徐州市沛县	提出农土公司作为创新贷款模式，在信贷支持上具有优势
2018	山东省枣庄市	提出农地经营权抵押贷款"结对融"模式

资料来源：文献汇总。

第二，农地经营权抵押融资模式优化。曹瓅、罗剑朝（2015）基于宁夏回族自治区吴忠市同心县、石嘴山市平罗县 1 272 户农户调研数据，认为融资模式的优化要从农户家庭社会资本、经营类型、金融机构办理业务等方面着手。惠献波（2015）基于陕西省西安市高陵区研究，认为融资模式优化要从有效抵押品的覆盖面、流程、风险防控等方面出发。于丽红、兰庆高等（2015）认为，应构建农地经营权证券化融资模式。张龙耀等（2015）认为，融资运行模式优化应通过贷款对象、风险控制、贷款利率的完善着手。蒋蔚（2012）基于福建省三明市的实践，认为融资模式优化要从贷款手续、违约处置、交易成本、价值评估和资金来源等方面进行。曾章蓉等（2010）基于"明溪和同心"的比较，认为融资模式优化要从不同的申贷主体角度出发。张庆君（2010）认为，融资模式优化要从出台法律、健全政策和创新制度来实现。

赵军洁等（2016）提出，从制度理论、法律法规及实践操作三个层面来优化适合各自"三农"发展要求的"合意"的农地经营权抵押融资模式。杜勉（2017）提出成立政府控股的农业保险公司、把给予银行的财政补贴转化为税收优惠、健全相关法律法规和将资产证券化产品向个人投资者放开等政策建议来优化农地经营权抵押融资模式的新思路。史卫民（2010）提出，我国应该从法律、架构、担保、流程、配套市场建设等方面作为模式优化的路径选择。

（2）对农地经营权抵押融资风险探讨。第一，农地经营权抵押融资风险类型。学者曹阳（2015）、陈沙沙等（2013）、童彬（2014）、何上华（2011）、陈雪梅等（2009）、黄惠春（2016）、俞建军（2014）、王超等（2014）、赵一哲等（2015）、兰德平等（2014）、杨奇才等（2015）、林建伟（2018）分别从不同的角度提出了农地经营权抵押融资目前存在民生、担保、操作、法律、金融、质押品处置、信用、自然、市场（经营）、政策（制度）等风险类型。

第二，农地经营权抵押融资风险实证。潘文轩（2015）认为农地经营权抵押融资的风险体现在微观层面包括农民生计风险和银行的还款来源风险，宏观层面包括农村社会风险和农村金融风险。除于丽红等（2014）、王超等（2014）基于 AHP 方法调查论证抵押风险评价。刘璨、李周等（2015）基于规范经济学研究思路，采用计量经济学方法，从多个角度开展对我国集体林产权制度演化及绩效研究工作。吕德宏、张无坷（2018）基于 1 173 个农户调研，采用回归分析方法，实证了哪些因素影响信用风险，在此基础上预测了违约发生概率。

第三，农地经营权抵押融资风险控制。陈丹等（2017）认为，应该从单一的行政规制走向多主体参与共建的风险规制模式。占治民等（2016）通过实证认为，要对年龄大的农户、农业为主的农户以及经营主体类的农户进行人文关心是农地经营权抵押融资风险控制的重点。潘文轩（2015）、杨奇才等（2015）提出银行授信体系、相关制度、抵押和处置条件、风险补偿分担机制等是风险管理的重点。孟楠（2017）认为，完善风险分担和补偿模式是建立农地经营权抵押贷款的长效发展机制的方式。刘洋洋（2017）提出，通过建立农土公司来分担农地经营权抵押贷款的风险。孟楠、惠献波（2018）以直接抵押申贷模式展开探讨农地经营权抵押融资风险形成规律的基础上，对如何降低贷款风险的关键性制度和机制进行了设计。赵春江等（2018）以供需主体博弈展开探讨，认为完善制度是规制农地经营权抵押融资内生风险的对策。

（3）对农地经营权抵押融资制度设计的探讨。第一，法律法规制度的健全。刘贵珍（2009）、王铁雄（2014）认为，目前农地经营权抵押融资管理办法的颁布和出台是当务之急。唐微、吴越（2012）建议，立法重构土地承包经营权抵押制度。丁关良（2014）指出健全与农地经营权抵押融资相矛盾、不统一的法律。胡元聪（2018）从我国现行法律规定来看，提出从农地经营权抵押范围，抵押程序严格设定来完善法律。蔡立东、姜楠（2017）在立法论层面提出，应当实现农地经营权的法定化。

第二，农地经营权抵押权的实现机制。相关的经典研究有张晓山等（2015）从顶层设计与基层探索相结合的角度，实现其路径方向。房绍坤（2014）提出，农地经营权抵押标的物范围、规范当事人资格以及设立规则来强制管理抵押权的实现。曾大鹏（2017）认为，在宏观的价值理念上确立农户成员的物权主体地位。在微观的规则设计中，农户成员作为土地承包经营权的抵押人，能够通过折价的形式来完成抵押权的实现。

（4）对农地经营权抵押融资产品设计的探讨。曹瓅、罗剑朝（2017）认为，针对农户需求差异，可适当结合当地农户贷款需求划分差异性贷款额度，才能促进农地经营权抵押贷款的发展。林乐芬、王步天（2015）认为，现行农地经营权抵押贷款制度应简化贷款办理程序，从而完善贷款产品设计。黎毅（2015）认为，农地经营权抵押融资利率宜根据融资期限和用途的差异来设计，采用多种组合形式增加农户贷款额度。

（5）对农地经营权抵押融资配套设施的探讨。林乐芬、王军（2011）认为，完善配套设施应该从登记、流转市场和社保等方面。汪险生等（2014）认为，完善配套设施着重要加强政府对农地流转市场的培育和管理。兰德平等（2014）建议，应该从规范流转市场、完善融资模式、健全风险补偿机制、加强政府补贴和管理来完善配套设施建设。罗剑朝（2013）认为，应该加快农地确权登记、建立农地评估体系、加速农地流转等来完善配套设施建设。

（6）对农地经营权抵押融资监督机制的探讨。随着农地经营权抵押融资的推进，在监管上也出现了一些问题，学者们从不同角度对如何健全监管机制进行了讨论。李瑞红（2011）、戴国海和黄惠春（2016）提出，信息沟通机制、贷前贷后调查与监测是监管的关键。曹瓅（2017）提出，根据当地不同的融资模式，应从政府、需求主体、供给主体三方面实施有差异化的监管政策。罗永明、罗荷花（2017）基于产权视角，认为出台专门法律和完善修改相关法律、规范建立专业化农地产权价值评估机构，是完善监管的外部体系。兰德平等（2014）认为，引入市场和政府共同参与监督管理，有利于风险控制。林建伟（2016）、罗剑朝等（2016）提出，增强农民的参与意识能够有效地提高农地经营权抵押融资监管力度，使监管更为科学民主。

1.2.2　国外研究文献综述

1. 农地经营权抵押融资制度研究

国外大多数国家实行土地私有制，故而，对于农地经营权进行抵押融资实际是一种土地交易行为，学者的研究更多集中于如何安排抵押融资农地的制度。

　　Basley（1995）认为，农地产权的稳定利于发展农地融资作用，从而增加抵押价值，进而提高农地资金的流动性。De Soto（2000）认为，农地产权制度明晰促进农地资本有效转化和流动，是融资功能实现的基础。Besley 和Ghatak（2008）认为，产权制度、家庭福利水平是影响农地作为有效抵押物价值大小的因素，因此清晰界定农地产权是抵押融资必不可少的条件。Wegeren（2003）基于俄罗斯的研究，发现由于产权制度完善，其私人农地经营权抵押融资市场很活跃。Deininger（2005）认为，农地产权的稳定促进金融机构接受农地作为抵押品。Hans（2008）基于德国的研究，认为健全的制度是农地经营权抵押运行的必要条件。Miller 和 Calvin（2004）认为，产权的明细和制度完善是农地经营权抵押融资的重要条件。综上所述，产权明晰和制度完善对农地经营权抵押融资功能有重要的意义，学者的研究成为其他国家致力于土地经营权抵押能力提升的产权变革。

　　2. 农地经营权抵押融资评价研究

　　国外农地经营权抵押融资效果研究主要体现在确权和政策对农户信贷可得性的探讨，进而来评价其实施效果。

　　（1）产权变革对农户信贷可得性的探讨。 产权变革对农户信贷可得性有明显影响，即产权明晰，能够激活农户沉睡的土地资源，缓解农户贷款难问题，增加其资金的获得，从而提高其收入（Boucher et al.，2005）。Boucher 等认为农地经营权抵押融资政策对大农户信贷可得性有正向影响。Carter 和 Olinto（2003）认为，农地确权和农地经营权抵押贷款政策对大农场主的信贷可得性提高了 50%。Guirkinger 和 Boucher（2008）认为，产权不明晰是银行不愿提供农户贷款的主要原因。Feder 等（1988）基于泰国的研究认为，农地经营权抵押得到正规金融机构的认可，农户自身的家庭福利程度对农户获得信贷的机会正向影响。Deininger 和 Binswanger（1999）认为，农地产权变革是发展中国家缓解农户信贷困难的主要途径。Raleign 等（1986）认为，农户农地产权成为有效抵押物正向影响农村金融市场的发达程度。Lopez（1996）基于农户调研认为，农村金融机构供给约束改善的重要条件是农地经营权抵押制度的完善和变革。

　　（2）农地经营权抵押融资政策对农户信贷可得性的探讨。 Boucher 等（2005）基于对尼加拉瓜的研究，认为银行对小农户提供抵押融资将会提高其交易成本，故农地经营权抵押贷款惜贷，同时农户担心失去土地，故农地经营权抵押贷款意愿不强，因此农地经营权抵押融资政策实施农户的信贷可得程度并未提高。同时，Field 等（2006）、Fort（2008）认为，由于银行对农地经营权这种抵押品态度不积极，因此农地经营权抵押贷款政策没有显著提高农户信贷可得性。众多学者研究了亚洲国家的农地经营权抵押贷款政策实施效果。Menkhoff（2012）对基于农户调研实证得出，由于农地面临的风险多，即使出台政策，金融机构也还是主要参考是否有担保以及与申贷农户的关系来决定是否提供贷款供给。

3. 农地经营权抵押融资的制约因素研究

（1）农地经营权抵押融资风险及影响因素。Chriseten 和 Pearce（2005）认为，农地经营权作为抵押物的产权不明确、市场交易成本高等原因是金融机构认为风险存在的主要原因，因此对申贷农户以此为抵押的放贷积极性不高。Bester. H（1987）认为，虽然农地经营权抵押能够减少农户违约行为概率，但是不同风险类型的金融机构会按照自身的风险偏好来决定是否放贷。Field 和 Torero（2006）认为，哪怕农地确权登记后，由于农户道德风险时有发生，金融机构的农地经营权抵押融资供给意愿也很低。因此，Whette（1983）认为，可以针对不同的风险偏好来制定差异化的产品设计组合来预防和规避或者降低农户融资风险，提高融资效率。Conning 和 Udry（2005）认为，农地市场不健全、交易成本高、产权不明晰、法律缺陷等是产生风险的因素。Niini-maki J. P（2011）认为，申贷农户的融资意愿受到不对称的信息和农地预期价值等因素的制约。Pender 和 Kerr（1999）基于印度两个村庄的调研数据，农地经营权抵押融资过程中由于抵押物银行处置机制不完善，会带来很大的风险，因此信贷市场发达的程度也是影响农地经营权抵押信贷供给效应的因素。

（2）农地经营权抵押融资配套设施的制约。Jansen 和 Roguas（1998）基于洪都拉斯研究，认为农户的农地使用惯性思维，害怕农地经营权抵押融资不安全，因此不愿意进行抵押融资。Kerekes 和 Williamson（2010）基于农户深度访谈，认为农户对私人产权制度有很大的依赖和偏爱，在农地经营权抵押配套设施不健全的情况下，很难发生抵押融资行为。Hare（2008）基于越南的研究，认为农地经营权抵押融资与之相关的外部政策的保障力度是其抵押融资行为产生的关键。Menkhoff 等（2012）通过研究认为，农民自身能力、法律条件、土地制度健全和明确与否是其土地经营权抵押获得资本投资于土地生产的重要制约因素。Besley（1995）基于卢旺达、肯尼亚、加纳和冈比亚实地调研，提出农地产权制度的非正式、农地市场不健全等是金融机构供给积极性的制约因素。

4. 农地经营权抵押融资改进对策研究

国外关于农地经营权抵押融资的研究和实践操作都要早于国内，并成立了明确的农地经营权抵押贷款机构，分工明确，各司其职；法律法规相对比较完善，为农地经营权抵押融资提供健全的管理制度；资金的来源渠道相对稳定；风险防范和分担机制比较健全。由于土地制度的差异，其关于农地经营权抵押融资改进对策多集中在风险的防范和农地模式创新两个方面来研究。

(1) 农地经营权抵押融资风险防范。 农地经营权抵押融资风险防范主要体现在农地信托基金的建立。在农地信托方面，主要是对不动产投资信托基金（REITs）的研究。Levine（1997）认为，有限合伙制是农地信托基金防范风险的主要模式。Johnson 和 Jensen（1999）认为，多重合作伙伴模式是防范和规避道德风险的主要模式。Elizabeth Brabec 和 ChipSmith（2002）认为，农地信托基金能够降低由于交易费用高等原因带来的风险。Saturnino Borras JR（2005）、Hreschuk H.（2017）通过实证得出，防范农地经营权抵押风险的保障性途径就是制定灵活性、差异化的农地信托体系。

(2) 农地经营权抵押融资模式完善。 农地经营权抵押融资模式的完善主要集中于农地证券化的研究。Greenbaum（2004）认为，多元化的资产担保证券化是金融机构融资意愿积极性的重要保障。Lockwood（1996）认为，农地证券化与多层次金融机构的资金积累关系重大。Simon Wolfe（2000）在上述分析的影响下，进一步探讨了农地证券化模式能够增加金融机构收益，提高其供给水平。Arestis（2001）认为，证券化可以在给金融机构提高盈利的基础上降低由于信息不对称和金融市场利率不稳定而带来的风险。Stiroh（2006）通过农地证券化的稳定程度与金融机构安全之间基于投入产出的经济模型进行实证研究，发现稳定性差的农地证券化正向影响金融机构的安全。总而言之，提高金融机构的供给意愿和响应行为，保证农地经营权抵押可持续推进，农地证券化模式是重要条件。

1.2.3 国内外研究文献述评

综观目前国内外研究可知，学者关于农地经营权抵押融资的研究比较深入、系统并且意义非常深刻。

第一，通过前面的分析可见国外农村土地由于是私有的，所以农地经营权抵押和交易是自由的。德、美、日等发达国家已形成了一整套完善的农地金融系统，风险分担机制也非常健全；发展中国家的研究更多在于需求主体的信贷可得、供给主体的供给积极性以及受哪些因素制约方面。国外关于农地经营权抵押融资实施效果、农地经营权抵押融资对供需主体行为影响的研究很少见。同时，我国农地制度在法律约束、现行制度框架等方面与国外有着本质上的区别。所以，国外的研究成果对我国农地融资制度是否合适需要慎重思考。

我国对农地金融的研究探索比较晚，从研究范围和内容来看，却相对较详细和具体，主要集中在推行与否、供需、模式、风险和对策研究等方面，但是同样对实施效果的研究很匮乏，纵观现有文献可以发现存在两个方面的制约：一方面，农地经营权抵押融资执行效果的评价研究较为薄弱，仅有的五篇文献是基于农户视角或基于金融机构视角进行评价的，可见角度单一，缺乏将供需主体放在统一框架中进行系统、全面、综合的评价研究；另一方面，对农地经营权抵押融资实施效果评价实证研究中，由于统计资料有限，目前的研究都是基于调研数据基础上的主观评价，相对于宏观数据来说会影响评价的客观性。

第二，农地经营权抵押融资对供需主体行为影响的研究需要进一步探讨。试点推行开始，纵观国内学者对这一方面的研究可知，对国家政策落实的直接载体——金融机构的研究较少，且主要是政策刺激金融机构供给意愿的相关研究，而农地经营权抵押融资对金融机构响应行为影响的研究成果很少，缺乏对客观数据的挖掘分析。同时，农地经营权抵押融资对需求主体融资意愿的研究非常丰富，但是农地经营权抵押融资对需求主体响应行为的影响很少，这对可持续推进非常不利。所以，农地经营权抵押融资对供需主体行为影响的研究有待深入，本书基于"意愿—响应—违约（违规）行为"视角分析农地经营权抵押融资对供需主体行为影响研究。

第三，对农地经营权抵押融资实施效果的影响需要进一步深化。在农地经营权抵押融资效果的影响因素上，学者多从具体层面进行分析，对其深层研究和各相关利益主体（即政府、农户、金融机构）的行为对效果的影响缺乏研究。现实中，农户、金融机构和政府的行为是如何对农地经营权抵押融资实施效果影响的？理论上，农地经营权抵押融资会对农户、金融机构的意愿、响应行为等产生什么样的影响？这些问题，有待于从经济学、法学、心理学、行为学等交叉学科系统、全面、综合的研究。

第四，在农地经营权抵押融资实施效果提升相关对策完善的研究上缺乏针对性，有待提高。农地经营权抵押融资的顺利推进需要促进产权清晰、市场流转健康、评估科学合理等相应的经济、法律制度建设和配套条件，应发挥政府在其中的积极作用。关于这部分的探讨，目前存在明显的针对性不强以及理论和实践脱节等问题，特别是在农地经营权抵押融资配套设施完善方面系统性和综合性不强。

所以，本书将三大核心利益主体（农民、金融机构、政府）放在统一的框架内，构建农地经营权抵押融资实施效果评价的指标体系，建立农地经营权抵押融资实施效果评价模型，并依据评价结果，探究制约因素，从而基于"意愿—响应—违约（违规）"的分析框架深入剖析和实证农地经营权抵押融资对供需主体行为的影响，来弥补现有研究的不足。

1.3 研究内容与方法

1.3.1 研究内容

第1章引言。首先，从农村金融供需双方信贷矛盾、农地经营权抵押融资的重要作用、我国政府对农地经营权抵押融资的重视、全国及黑龙江省农地经营权抵押融资的推进情况等入手，对全书的研究背景进行了简要阐述。其次，简要概括了本书研究目的、研究的理论和实践意义。再次，从四个方面梳理和回顾了国内外农地经营权抵押融资研究文献，即融资目的、效果评价、供需影响因素、完善建议等方面展开综述，在此基础上进行系统的评述，找出已有研究文献的不足，从而对本书研究目的进行清晰界定。最后，对本书的研究内容、研究方法和技术路线进行简要阐述。

第2章相关概念界定及理论基础。本章包括两部分内容：首先对农地经营权、农地经营权抵押融资概念进行阐述，并对农地经营权抵押融资主体及行为进行了分析，在此基础上界定农地经营权抵押融资效果的评价内容，明确了本书的研究范围；其次，对制度变迁、利益相关者、福利经济学、行为经济学等相关理论从理论发展、理论核心内容以及对本书的作用进行归纳与介绍，为后面研究提供理论基础。

第3章农地经营权抵押融资发展历程及基本现状。本章包括两部分内容：首先，对农地经营权抵押融资发展的历史进行梳理，重点对探索期、确立期以及发展期政策的变化过程进行阐述。其次，从实施原则、融资产品设计、供需主体、融资运行模式、风险补偿机制等政策实施内容方面对黑龙江省农地经营权抵押融资试点的基本现状进行简要概况，为进一步评价农地经营权抵押融资执行效果，进一步探讨对供需主体行为影响进行铺垫。

第4章农地经营权抵押融资实施效果评价。本章包括三部分内容：首先，在实施效果的影响机理和指标体系构建原则的双重指导下，遵循农地经营权抵押融资相关理论和黑龙江省农地经营权抵押融资实际情况，从三大利益相关者角度筛选和建立实施效果评价的指标体系。其次，对本章使用的评价方法进行介绍的基础上，构建农地经营权抵押融资实施效果评价模型。再次，运用层次分析法分别从农户、金融机构、政府等三个维度确定各评价指标在整体中所占权重，接着运用所获得的黑龙江省的宏观数据以及923户农户的微观数据，基于灰色关联分析的运行对黑龙江省农地经营权抵押融资实施效果进行评价，依据结果探讨并指出现行农地经营权抵押融资存在的问题和制约因素。

第5章农地经营权抵押融资对需求主体行为影响分析。以黑龙江省部分市县为调研对象，对农户采取问卷和座谈等调查方法，来分析农户对农地经营权抵押融资的主观认知和评价，采用"机理—表现—实证"的分析逻辑，使用农户的微观调研数据，通过统计分析和 Logit、Probit 回归分析，定量研究农地经营权抵押融资对农户融资意愿、响应行为及实施过程中可能引发的违约行为的影响。

第6章农地经营权抵押融资对供给主体行为影响分析。依据黑龙江省部分市县为调研对象，对金融机构进行了问卷调查和访谈，基于"动机—现实影响—实证"的分析逻辑，使用回归分析实证了农地经营权抵押融资对供给主体供给意愿、响应行为及实施过程中可能引发的信贷员违规行为的影响。

第7章农地经营权抵押融资效果的提升的策略。首先，从目标和基本原则方面提出实现农地经营权抵押融资效果提升的指导思想。其次，从模式、主体、风险、监督四个方面进行路径设计，具体路径体现为：构建主体合作模式、健全风险补偿机制、优化融资运行机制、创建融资监督制度。再次，提出促进农地经营权抵押融资立法与出台地区实施细则、加大政府农地经营权抵押融资的支持力度、激发农地经营权抵押融资的有效需求、提升农地经营权抵押融资供给能力等实现农地经营权抵押融资效果提升的具体措施。

第8章农地经营权抵押融资相关需求主体行为研究。内容相对于前面内容有所独立，但是也间接地论证了农地经营权抵押融资作为农村金融的创新产品，对农户和新型农业经营主体产生积极影响，同时新型农业经营主体的培育对农地经营权抵押融资政策顺利实施具有很好的促进作用。

第9章为结论，加以总结。

1.3.2　研究方法

本书以农地经营权抵押融资制度变迁、利益相关者、福利经济学、行为经济学等理论为基础，运用文献研究法、历史分析法、问卷调查与实地调研、回归分析法、层次分析法、灰色关联分析等方法展开研究，方法具体如下。

（1）**文献研究法**。在国内外关于农地经营权抵押融资现有研究的基础上进行梳理、归类、总结，探明已有研究对象的共性与差异、重点与困境、现状与趋势等基础上把握历史动态，有利于对本书研究的视角、内容等方面的深入分析。

（2）**历史分析法**。历史分析法主要在农地经营权抵押融资发展历程与基本现状章节中应用。其认为，农地经营权抵押融资不是固定不变的，要用发展的眼光来分析客观事物的动态变化，对农地经营权抵押融资的阐述分析时刻要将其放在特定的发展阶段中进行联系与比较，从而抓住农地经营权抵押融资发展的实质，预测其未来发展态势。

（3）**问卷调查与实地访谈法**。在目前农地经营权抵押融资不断推进的情况下，本书专门对黑龙江省试点地区农户通过问卷和实地座谈方法，针对农户的基本情况、农户家庭经济情况、对农地经营权抵押融资的认知、政策的综合满意度等问题搜集了资料；与此同时，专门对调研地区金融机构管理人员和信贷员，针对调研地区农地经营权抵押融资经营、推进情况和及推进中存在的困境等进行问卷调查与访谈的方法，进行资料收集。

（4）**回归分析法**。回归分析可以简单、清晰地表现出每个影响变量之间关系，是被学者普遍应用的有效方法之一。本书采用 Logit、Probit 等方法分别基于"意愿—响应—违约（违规）"分析框架实证了农地经营权抵押融资对供需主体行为的影响。

（5）**层次分析—灰色关联分析法**。本书运用层次分析和灰色关联分析法结合测算了黑龙江省农地经营权抵押融资实施效果。首先通过层次分析法计算各评价指标的权重，然后通过灰色关联计算分析解决各小样本评价指标之间不清晰的灰色关联度。所以，两种方法的结合对农地经营权抵押融资效果进行评价能够提高评价结果的准确性。

1.3.3　技术路线

本书以农地经营权抵押融资实施研究作为主线，首先，对国内外研究文献进行了梳理，找出研究的切入点，从而确定研究方向；其次，总结了我国农地经营权抵押融资的发展历程和基本现状，并对黑龙江省试点地区进行了调研，获取数据；再次，对农地经营权抵押融资实施效果进行了评价，并基于"意愿—响应—违约（违规）"框架分析农地经营权抵押融资对供需主体行为影响；最后，针对实施效果及其对供需主体行为影响，提出效果提升的策略。技术路线图如图 1-2 所示。

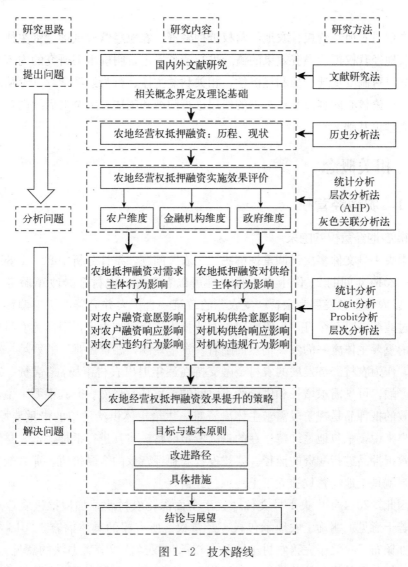

图 1-2　技术路线

2 | 相关概念与理论基础

　　本章对农地经营权、农地经营权抵押融资、农地经营权抵押融资主体与行为、农地经营权抵押融资效果的概念进行清晰界定，明确本书研究的内容与范围；同时对制度变迁、福利经济学、相关利益主体、行为经济学等理论从理论发展、理论核心内容以及对本书的作用进行归纳和阐述，为全书后续内容的研究建立理论基础。

2.1　相关概念

2.1.1　农地经营权

1. 农地经营权的由来

　　中央 1 号文件多次强调重视解决"三农"问题，统计分析 1982—1986 年、2004—2019 年间的 21 份中央 1 号文件可以看出，以农村金融改革服务"三农"、以农村金融发展为宗旨"支农"的政策一直扩大并完善，从未偏移。然而经过改革，时至今日，尽管国家对农业投入逐年增加力度，但作为农村经济发展的重要主体之一的农民仍然面临着"资金短缺，融资困难"的窘境。与此同时，作为农村经济发展的农村金融支持在逐年退出农村市场，"惜贷"现象越发严峻，可见需求增长和供给约束之间的矛盾日益强烈。究其根源来说，缺少有效的抵押品是现阶段需求主体融资难、供给主体供给约束的最重要原因。对农户来说，承包地是维持生存的最大资金财富，将其进行抵押融资，是解决无有效抵押品进行融资的捷径。要想发挥农地经营权的金融价值，那么最重要的一点就是土地经营权独立于土地承包经营权。

　　因此，2014 年中央 1 号文件《关于全面深化农村改革加快推进农业现代化的若干意见》明确了农地承包权、经营权、所有权的具体内容；2016 年中办国办颁布了《关于完善农村土地所有权承包权经营权分置办法的意见》，提出了三权分置并行。从此农地经营权作为一种财产权，拥有了独立的抵押融资功能。至此，农村承包土地的"三权分置"的内涵愈加清晰。我国土地经营权分化经历了两个过程（图 2-1），第一次分化可以称为"二权分化"，第二次分化可以称为"三权分化"。必须明确"三权分置"的基础是坚持农村土地集体所有，核心是稳定农户承包权，才能实现分置的目的——农地经营权的融资功能，即实现土地承包经营权由实物形态向价值形态进行转变，农民通过流转，进行抵押，从而获得银行的贷款，以实现土地金融化。

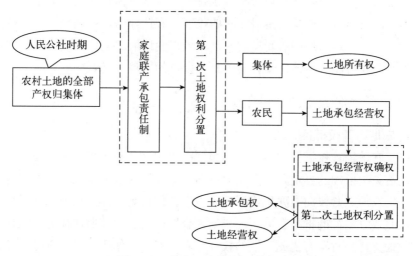

图 2-1　我国土地经营权分化过程

2. 农地经营权界定

关于如何界定土地经营权，不同的学者从不同的角度出发给予了不同的界定。参照赵军洁等、赵鲲、肖卫东和梁春梅对农地经营权的界定，本书认为农地经营权是农地经营者遵循法律原则的基础上，自愿通过家庭联产承包方式或者通过出租、转让等方式获得农村集体或者国家所拥有的农村土地的使用权。农地经营者可以在获得农地经营权的土地上进行农业生产行为，可以处置农业生产行为带来的收益，也可以在法律许可限度内实施流转、抵押和担保等权利。

3. 农地经营权特征

依据上面阐述的内容，本书对农地经营权的特征进行如下四方面的归纳。

第一，农地经营权客体的唯一性。农地经营权的客体是通过家庭承包方式取得的承包土地。拥有农地经营权的人可以对承包土地进行农业经营活动和所得收益进行处置，也可对土地进行如流转、抵押、担保等的资源优化配置，从而获得经济收益。

第二，农地经营权是一项派生权利。土地经营权从土地承包经营权中分离出来，成为一项完整的财产权利，具有了真正意义上的流通性和独立性，经营权具有了财产权的特征，同时也保留了承包权原有的本质。

第三，农地经营权主体的多样性。原承包人仍然可以拥有农地经营权，也可通过流转等方式让渡给第三人，比如目前的新型农业经营主体。其中拥有农地经营权的主体可以是原承包者也可以是独立于本集体经济组织的第三人。

第四，农地经营权是具有可流转的权能。农地经营权在国家法律和政策允许范围内可以拥有广阔的流转空间，甚至可以允许大量的民间资本流入农业农村，为农业农村注入新的资本，缓解其资金难的困境。

2.1.2 农地经营权抵押融资

1. 农地经营权抵押

(1) 农地经营权抵押的界定。 参照《中华人民共和国物权法》中的第一百七十九条关于抵押的界定，本书认为所谓农地经营权抵押是农户在遵守一定原则下，用农地经营权向金融机构抵押获得借款的行为。如果农户到期无法偿还或不依照双方签订的抵押合同偿还贷款，金融机构有权依照法律对其农地经营权进行处置，同时享有优先受偿的权利。农地经营权作为一种抵押品，在性质上其是一种不动产，具有财产性、可流转性、特定性、可登记性，符合抵押品的特征，因此可以设立抵押权。

(2) 农地设立抵押权的原则。 第一，不得改变农地集体所有。农地集体所有，就是保证农村集体组织拥有所有权的现状不能变化。不改变农地集体所有，有利于双方承包关系的维护和保持；有利于农地融资的完善和推进；有利于维持农村经济关系的稳定和健康发展。

第二，不得变更农地用途。农地用途，就是按照国家原有的规定农地不能用于非农业生产来获利，只能按照规定进行农业生产。坚持农地用途不改变，有利于在人地矛盾突出的情况下保住 18 亿亩①耕地红线不动摇；有利于保证国家粮食质量和数量；也有利于农村经济推动国家经济。

第三，引入市场化机制。融资中引入市场化，就是充分发挥市场价值规律在农地经营权抵押融资中的影响。市场因素介入农地融资，有利于打破农户信

---

① 亩为非法定计量单位，1 亩＝1/15 公顷。——编者注

贷约束的障碍获得更多融资途径，有利于实现农地资源的帕累托最优，有利于扩大农户的生产经营规模。

（3）农地经营权抵押的影响机理分析。农地经营权作为一项抵押品，其具有一般抵押品的特征，也具有其自身的特性。在农地经营权抵押市场上，农地经营权是直接影响供给和需求行为的因素。故作为一项抵押品只有成为有效的抵押品，才能更好地发挥其作用。首先，理论上认为，农地成为有效抵押品之后，相对于资金需求者来说，抵押资产增多了，信贷约束条件放松了，潜在的资金需求大大满足了；相对资金供给者来说，信息不对称条件下带来的道德风险降低了，违约后的损失相对减少，从而资金供给能力增加。一般而言，有效的抵押品具备以下条件：第一，不同主体间的产权要清晰。第二，当违约现象出现时，抵押品的处置成本要低。第三，抵押品的价值要可评估，同时具有保值性。其次，实践上认为，农地经营权成为有效抵押品是通过农地确权颁证、农村产权交易市场、农地经营权抵押配套制度来进行传导的（图2-2）。第一，要解决农地确权颁证的首要因素就是界定清晰无争议的产权；第二，农地经营权抵押的必要条件是农地经营权抵押资产有效流动的交易市场的构建。第三，要实现农地经营权抵押的重要补充是相关制度的配套设置的完善。

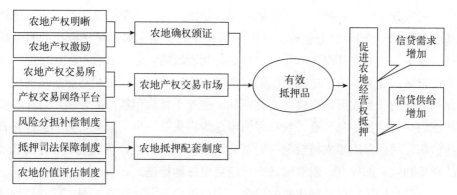

图2-2 农地经营权抵押的影响机理

2. 农地经营权抵押融资

（1）农地经营权抵押融资界定。目前学术界对农地经营权抵押融资没有明确的含义。但结合2014、2016年国家农地经营权抵押融资相关政策和于丽红、李善民等学者的观点中的解释，本书对农地经营权抵押融资的界定是农户或农业经营主体在坚持所有权、承包权和农地农业经营活动不变的原则下，在依法确权登记的基础上，将权属明晰无争议的农地经营权作抵押，向符合条件的金融机构申贷并按期还本付息的融资活动。后文中农地抵押融资即为农地经营权抵押融资。

（2）农地经营权抵押融资的功能。 土地经营权抵押融资是盘活农村"三资"（资产、资金、资本）的金融制度创新方式，是缓解农民"三难"（抵押难、担保难、贷款难）短板，实现"农村美、农民富、农业强"的宏伟目标的重要途径。具体通过以下功能来实现。

一是有助于农村金融市场环境的优化。农地经营权抵押融资功能的实现，首先，能够补充农村缺少有效抵押品的约束，对农户来说，农地用于抵押，若其违约必然面临失去赖以生存的土地的失信惩罚，所以说农地抵押融资的实现有利于提高农户的信用意识，进而改变农村信用机制的"不安全"。其次，农户为了获得生产所需资金，将农地反向抵押给农村担保机构，能化解风险，进而形成良性互动，有利于改变农村担保体系的"不安全"。再次，农地经营权用于抵押融资会对农户违约行为形成制约，必然带来金融机构放贷资金的后续交易成本的减少，从而放贷风险降低，进而使得农村金融的"营利性"环境得以改善。

二是有助于农民融资需求的满足。首先，能够直接打破抵押贷款实施的阻碍，意味着农民可以抵押融资农地经营权获得资金，而金融机构有了适合抵押品也不再"惜贷"，促进业务大规模的顺利开展，实现对农民融资权的有效保障。其次，能够弥补农户联保贷款存在的制度缺陷，意味着农户联保之间加入了反担保，提高了由于道德失信而对金融机构违约的风险制约功能，从而能够促进业务的长久发展。再次，能够更好地推动小额信用贷款的开展，意味着农地成为"有效抵押品"后，农户害怕因违约丧失基本生活保证，必然会维持自身信用，从而保障了农村金融机构贷前审核、贷中调查、贷后监督等方面成本的降低和效率的提升，能够促进小额信贷更好地推进。

三是有助于农村社保体系的健全。农地抵押融资功能的实现，在一定程度上提高了农村社保水平。因为农地抵押融资的初衷就是改变农户融资的"三难"问题，提高信贷可得，进而扩大生产规模，从而来提高农民收入，带动整个农村经济的进步。通过这样的政策初衷，农户在国家相关制度的保障框架下，农户由于农地所获得收益的提高，会通过个人增加农村养老保险、农村新合作医疗等保费来减少农地可能带来的风险，这就意味着整个农村社保水平会大大提高，社保体系会不断地健全。

2.1.3　农地经营权抵押融资主体及行为

1. 农地经营权抵押融资的核心利益主体

农地经营权抵押融资的核心主体包括制定和执行主体（政府）、直接供给主体（金融机构）和需求主体（农户）。核心主体是农地经营权抵押融资不可或缺的群体，对目标的实现重要性十分明显。他们的目标一致性、利益共享性、风险共担性是可持续发展的前提，如图2-3所示。

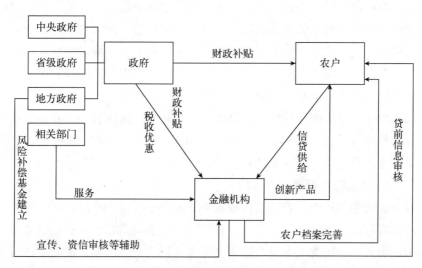

图2-3　农地经营权抵押融资各利益相关主体关系

农户是农地经营权抵押融资的需求主体，是目标群体，是政策最直接受益者，也是农地经营权抵押融资执行效果最重要的体现者，需要通过农户的融资意愿广泛的响应业务，所以，对于农地抵押融资来说必须坚持以需求主体的切身利益为出发点，一切为了、依靠和保护需求主体的融资行为，真正实现"三农"的发展，实现"农村美、农民富、农业强"的宏伟目标。

金融机构是农地经营权抵押融资的供给主体，是政策最直接的实施者，也是农地抵押融资执行效果的重要反馈者。农地抵押融资通过金融机构将资金发放给农业生产中有资金需求并进行农地抵押融资申请的符合条件的农户。作为农地抵押融资的供给主体来说，既要坚持惠农政策的初衷，又要实现自身发展的市场化供给目的，也要降低风险。这就需要供给主体在产品设计上创新产品业务内容，在贷前要做好审查工作，贷中要操作流程合理，贷后要不断监督检查，同时要不断完善需求主体的电子信用档案，从而提高农地抵押融资供给主体的供给能力。

政府是农地经营权抵押融资的制定者，是业务进一步发展的推动者，是农地抵押融资顺利推进的保障者和监督者，同时更是农地抵押融资执行效果的体现者，这些都在农地抵押融资实践中表现出来。虽然农地经营权抵押融资直接关系人是农户和金融机构，但我国农地经营权抵押融资却是在遵守法律、保障供需主体自愿、扎实稳妥推进以及风险可控的条件和原则下开展，作为政策颁布者的政府在整个过程中履行指导、扶持和实施的职能：一是出台明确农地经营权抵押融资相关事宜的法律法规；二是通过财政投入改善农户的农业生产条件，以项目扶持政策的支持方式发展新型农业经营主体来减轻农户压力；三是通过经营者财政补贴、税费优惠、利息补贴来扶持金融机构经营农地经营权抵押；四是建立风险补偿基金缓解金融机构风险带来的冲击；五是相关部门主要是辅助在农地评估、抵押物处置等标准以及方法上的具体服务；六是基层政府通过在农地经营权抵押融资宣传引导、资信审核、违约款项追回等方面的支持，来促进供给主体开展业务的积极性。

2. 农地经营权抵押融资主体行为

（1）**需求主体行为**。农地经营权抵押融资是一种金融产品，同时也是我国目前稳定实施的一项支农惠农政策。作为一项惠农政策，国家在制定和实施此项政策的过程中，需要考虑其对需求主体哪些行为产生影响。需求主体行为是需求主体在生产生活过程中所面临和做出的各种抉择。在本书中需求主体行为主要是通过农户行为来体现，详细而言，是指农户的融资意愿和响应行为（生产决策行为）及在融资过程中出现不当的违约行为。因为，作为需求主体的农户既是抵押融资的消费者，更是农村经济的制造者，需求主体为了满足农业生产所需资金，必然会发生以农地抵押形式向银行借款的行为，从而满足生产生活资金的匮乏，其行为对农业生产具有不可忽视的显著作用，从而影响政策的效果。

（2）**供给主体行为**。作为供给主体的金融机构在农地经营权抵押融资实施过程中是解决农业生产主体资金短缺的不可或缺的资金供给主体。供给主体行为是金融机构从事金融产品经营或者营利性服务的活动。本书所指的供给主体行为是指农地经营权抵押融资金融机构行为，其与农户的个人行为不同，其是一种组织行为，但是无论是政策性金融机构抑或是商业性金融机构，在既定目标的指引下，都是既要实现政府政策初衷，又要实现自身利益的经济目的，所以，作为供给主体就要实现在微利的原则上对融资期限、利率、金额等进行设计，也要考虑在风险发生概率上对风险进行规避的行为。因此，金融机构农地经营权抵押融资行为主要表现为金融机构的供给意愿、响应行为以及是否合规执行的服务行为。

（3）政府行为。 政府出台农地抵押融资业务相关保护政策，同时，又是政策顺利实施和健康运行的监督管理者。政府通过法律、行政、经济、社会等方式手段，激发供需主体的响应行为，同时，实现农地抵押融资执行中监督管理供需主体的行为，保障农地经营权抵押融资顺利开展。具体而言，政府行为主要包括政策支持、监督管理和财政补贴等。

2.1.4　农地经营权抵押融资效果

（1）农地经营权抵押融资效果界定。 农地抵押融资的预期目标是缓解供需主体关于信贷的"双冷"问题，从而提高农民的收入，发展农村经济，以期解决由来已久的"三农"困扰。那么实施的情况我们如何衡量，通常用效果、效率、绩效等来描述和界定。他们之间既有区别又有联系，都是衡量过程与结果的成效，但是其又分别从不同的侧重点来衡量，具体如表 2 - 1 所示。故三者之间比较而言，对于本书要研究的内容效果的概念比绩效和效率的概念涵盖更为合适，是可以在经济领域、政治领域、管理领域等实践和学科中常常应用到的综合性概念。

表 2 - 1　绩效、效果、效率的区别

名称	区别
绩效（performance）	成绩、效率和效益，内涵更为广泛
效果（effect）	侧重对某种活动行为结果的描述和衡量
效率（efficiency）	侧重强调生产要素投入和产出的比例关系

资料来源：马嘉鸿（2016）、王亮亮（2016）。

本书研究内容之一农地经营权抵押融资实施效果是政府在农地经营权抵押融资目标指引下，农地经营权抵押融资给供给主体或需求主体带来的客观影响及产生结果。农地经营权抵押融资实施效果评价是为了对抵押融资主体是否实现了预期目的、实践过程中效果如何以及对农地抵押融资的价值给予合理的衡量。

农地经营权抵押融资的实施是多个主体不同利益诉求的一种反馈。书中主要通过对核心利益主体（农户、金融机构、政府）在实践过程中是否实现了预期目的、对利益主体行为产生了哪些重要影响以及行为结果如何描述和判断来反映农地抵押融资实施效果。

(2) 农地经营权抵押融资实施效果的影响机理。美国学者史密斯在其《政策执行过程》中提出了政策执行因素及执行系统的分析模型，这一模型是第一个开启了分析政策执行过程的理论。其认为，政府制定出来的政策不一定会得到目标群体接受并去实施，同时政策的执行效果也并不一定就达到政府预期的目的，也就是说，政策出台后是否被执行以及执行效果都是不确定的（图2-4）。可知，政策是否实现其预期目标（理想化的政策），其中受到多个系统因素的影响，最为突出的是核心利益主体的影响。一是目标群体（农户），政府制定的政策直接作用的群体，其需要根据政策内容去产生响应行为的那部分人支持。二是执行机构（金融机构和政府），大多数情况是政府或者组织单元，即核心主体在现行的环境下如何相互影响的过程。我国农地经营权抵押融资是一个牵动城乡13亿人口的复杂系统，农地经营权抵押融资对主体（制定、执行、目标群体）行为产生怎样的影响，主体行为又是否实现了预期效果，将是重要的研究课题。

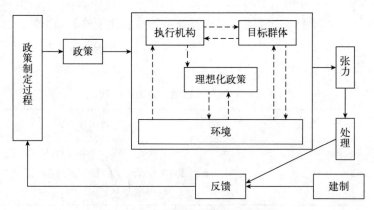

图 2-4 史密斯政策执行过程模型

依据史密斯政策执行过程模型可知，政策出台后是否实现了预期效果是各个核心利益主体共同作用的结果，这部分在本书第4章中进行分析。也就是说，在农地经营权抵押融资实践过程中，农户（农业经营主体）是农地经营权抵押融资保障的核心，是资金的需求方，通过向资金供给主体出具农地经营权这一抵押物，从其获得农业生产经营所需贷款，实现福利水平的改善。金融机构是信贷供给方，是农地抵押融资实施的被委托者，所以说其是执行国家农地经营权抵押融资的主要载体，依照有关规定向农地经营权抵押融资的符合条件的需求者提供贷款，从而提高经营收益、提升风险管理能力和有效推进农村金融服务"三农"的实践需要。政府是农地经营权抵押融资的制定者，是其执行中的权威者，也是风险监督和补偿者，更多的是通过来关注农业发展、社会保障体系的发展水平和抵押融资的规模和结构来表现农地经营权抵押融资的实际发展情况，也是农地抵押融资实施效果如何的表现之一。因此，本书将农户、政府、金融机构三个核心利益主体统一到一个框架体系中，构建农地经营权抵押融资实施效果评价的指标体系，通过三个指标体系在实施效果评价中的评价值来反映三个核心主体对实施效果的影响。

根据史密斯政策执行过程模型可知，政策依据核心利益主体的诉求才能进入议程，才有可能出台，也就是说政策对核心利益主体的行为是会产生影响的，而这种影响直接影响着农地经营权抵押融资实施效果或者预期目标的实现。这部分内容在本书第 5 章和第 6 章的机理分析中进行分析，即需求主体的农户是否有融资意愿、是否发生了融资行为以及在融资过程中是否遵守融资规则直接影响了农地经营权抵押融资实施效果；作为供给主体的金融机构是否有融资供给意愿、是否积极响应融资供给业务以及在融资过程中信贷员是否遵守融资规则也是能够直接影响农地经营权抵押融资实施效果；而政府作为制定主体来说，其制定政策是否让农户因信贷可获得性而提高了生产，增加了收入，是否让金融机构维持自身盈利的情况下实现了惠农的效果以及是否扮演好了监督者和补偿者的角色，这些都是通过农地经营权抵押融资实施效果体现出来的。

因此，农地经营权抵押融资是为核心利益主体而设计的，必然会对其行为产生影响，而核心利益主体互相作用的行为又将影响效果的实现（预期目标），针对这一影响机理，本书会在第 4、5、6 章中对上述问题展开探讨。

2.2 理论基础

2.2.1 制度变迁理论

从 20 世纪下半叶开始，由于发达国家的行政干预体制遇到前所未有的困境，表现出失业和社会动荡等情形，学术界和实践部门对制度的关注达到了空前的高度。社会经济发展的现实吸引众多学者纷纷探求用于处理国家、市场和社会的理论，在这期间有经济学家 Schultz、Davis、诺斯等阐述和研究出了三者之间的关系及如何影响变迁的新制度变迁理论。他们的研究为之后拉坦的诱致性制度变迁理论提供了理论基石，拉坦的研究丰富了前人的研究，扩展了制度变迁过程的视阈；而 Lin 又运用拉坦等基于"供给—需求"模型的分析方法，提出了强制性制度变迁。

制度变迁理论的核心观点认为，制度因素可以作为变量来解释经济的增长，制度会受外部环境、交易成本以及各利益主体诉求的影响，使得制度内部各主体之间以及制度与制度之间、制度与环境之间，由原本的平衡状态逐渐被冲破，使得一种更有效率的制度通过一定的路径生产出来。由此可见，在制度变迁过程中，制度是作为因变量发生着影响的。本书的制度变迁是农地经营权、农地确权、农地抵押融资等一系列相关联的规则集合的变迁，即新制度的产生、替代或改变旧制度的动态过程（图 2-5）。

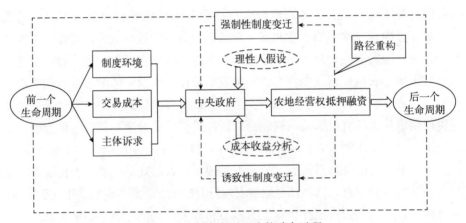

图 2-5　制度变迁理论的动态过程

具体而言，交易成本是导致制度变迁的根源，制度环境是制度变迁的外在动力，利益主体各方力量的角逐是推动制度变迁的方向和结果。制度变迁的方式根据国内国外学者的研究可以分为两种形态，即强制性和诱致性变迁。诱致性制度变迁是由个人和团体依据成本收益的经济原则而自发行动的一种自下而上的制度创新方式。往往制度的变革主体是微观主体，个人或团体为了实现某种利益，自发地通过自下而上的路径进行组织、实行、推广，从而引起国家和政府的重视，在此过程中国家和政府通常起到引导的作用。强制性制度变迁是由国家和政府依据理性经济人假设而强制性的、从上而下的制度创新方式。往往制度的变革主体是政府和国家，其通过命令和法制的形式进行推广，此种变革方式明显具有强制执行的特色，因此其相对来说新旧制度的更替速度更快、更节约成本，也更为彻底。这两种变迁的路径有区别也有联系，有优点也有不足，强制性制度变迁能够弥补诱致性制度变迁的高成本、长时间、搭便车和外部性等劣势。诱致性制度变迁能够弥补强制性制度变迁的硬性推行不容易被基层自愿响应的不足。只有二者相互配合才能实现制度供给和制度需求的平衡。

　　农地抵押融资是农地金融制度的一种变革，这种制度变迁在初期归根结底还是制度的提供者与制度的需求者共同作用的结果。我国在农地抵押融资制度变迁过程中起到决定作用的是以中央政府为首的制度供给者，而农村资金需求者和供给者可以通过对资金的需要和满足程度来间接影响此制度变迁的方向，目前主要是以政府的政策来推动农地抵押融资开展的强制性制度变迁方式为主。但是制度变迁由利益相关主体根据自身诉求、交易成本变化以及制度环境的改变来博弈推动其进程，那么作为一项业务长期推行下去，尤其在进入发展期后就是当外部利润出现时，各利益主体由于对自身利益的追求而进行博弈，其价值取向在变迁过程中起至关重要的作用，所以当供需主体的农地抵押融资主动意识强烈以后，就会反作用于制度变迁，此时就是诱致性制度变迁方式起主要作用。因此，从长期看，农地抵押融资是一个动态的不断变化的过程；从短期来看，农地抵押融资是一个循序渐进的不断转换的过程。无论哪一种制度变迁方式都会为不同时期农地抵押融资效果的实现带来重要的影响。

2.2.2　利益相关者理论

　　利益相关者理论是由于 Eric. Rhenman 和 Igor Ansoff 的研究成为一个独立的分支，随后 Freeman、Blair、Donaldson、Mitchell、Clarkson 等学者发展了该理论，并形成了理论体系，得到了广泛关注。不同的学者从不同的角度界定了利益相关者，比较有代表性并应用广泛的是 Freeman 提出的在一个组织发展过程中，无论是直接还是间接发生联系的组织或个人都可以称为利益相关者，并将其有关的利益相关者放在一个整体层面来分析和研究。进入 21 世纪后，国际上利益相关者理论研究被广泛应用于各行各业。从国内来看，开始只在企业中应用，最近几年在农业、政府行为等方面逐渐被引入，发挥其理论指导实践功能。

　　利益相关者理论的核心思想是一个系统是由不同的要素提供者构成，提供者是系统的利益相关者，系统为利益相关者服务带来利润最大化的同时，这些利益相关者也要参与到系统的内部治理中来，从而共同实现双方的目标，即作为一个系统（或者组织、公司）是由股东、供应商、债权人、员工等对系统发展有贡献的利益相关者构成，他们共同参与系统的治理。因此一个系统的治理要由利益相关者共同参与。

农地经营权抵押融资的利益相关者主要包括农户、新型农业经营主体、金融机构、政府、担保公司、保险公司、评估机构等。其中，农户、新型经营主体、金融机构、政府与农地经营权抵押融资的关系最为密切，如图2-6所示，他们的需求与利益对农地经营权抵押融资的发展至关重要。中央政府为按照"三农"发展需要，结合现有"三农"扶持政策及存在的问题，来制定和执行农地经营权抵押融资相关政策和法规来实现其目标的，是农地经营权抵押融资的全面掌控者，也是其政策执行中的最高权威者，其对农地经营权抵押融资具有决定性的影响；地方政府和农村金融机构是中央政府在地方的代理人，是政策的主要执行者，主要职责在于对中央出台的农地经营权抵押融资政策要准确理解、及时传达、贯彻实施。政策出台后能不能达到决策目标，实现政策制定的初衷，与地方政府和农村金融机构贯彻实行是密不可分的，甚至在较大程度上依赖于其执行效果。农民和新型农业经营主体是农地经营权抵押融资的直接受益人群，在公共政策中被称为政策的目标群体。农民和新型农业经营主体可以参与政策的制定，表达其诉求，而在政策执行过程中的影响力是很弱的，但他们是否对此业务有响应行为、是否有足够的意愿以及在实施中是否规范各自的行为却可以直接影响农地抵押融资效果的实现。可见，作为利益相关主体来说，他们之间虽然存在明显的区别，但是每一个相关主体之间又是互相联系、不可分割的，只有各个利益主体共同作用，才能最终实现所要达到的目标。

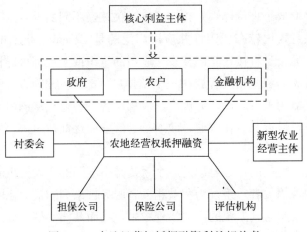

图2-6 农地经营权抵押融资利益相关者

2.2.3　福利经济学理论

福利经济学的发展经历了三个阶段：早期以亚当·斯密的研究为代表，其认为市场在调节资源和产品的配置与分配中能够实现自身利润的最大化，从而实现社会福利的最大化。旧福利经济学是以英国经济学家庇谷的《福利经济学》开启了新篇章，其主张社会福利的探讨应该用基数论分析，在此框架下认为，决定经济福利的因素可以归纳为国民收入与分配的实际情况，提出了国家应对收入分配进行干预并实施转移支付政策，从而实现全社会的福利最大化。新福利经济学以罗宾斯、帕累托、希克斯等经济学家为代表，在吸收旧福利经济学研究的精华和去除其不合理的基础上探讨并创建了序数论，其主张社会福利最重要的内容就是如何提高经济效率，在此视角下提出补偿理论和福利函数。随着理论研究者越来越多，此问题越来越被国内外政府和学者重视，近年主要形成了外部经济、相对福利、宏观福利等理论。

福利经济学理论的核心思想是虽然经历了早期研究、旧福利经济学研究、新福利经济学研究三个阶段，但都是围绕对社会经济福利展开的研究，即从福利视角对经济体系的运转予以社会评价，着重探讨的是资源配置效率、收入分配和集体选择等问题，核心是要改进全社会的福利需要通过提高资源配置效率、促进分配公平来实现，最终目标是对各种政策进行倾向性选择以实现社会福利的最大化。

目前我国推行的农地经营权抵押融资顺应了农业适度规模经营趋势，创新农村抵押担保方式和政策走向，是为化解农户贷款难、抵押难的一个努力方向。这种农户融资需求的满足能弥补我国当下农户福利体系建设的不足，因此无论是中央政府还是地方政府都会为保障供需主体福利的最大化而予以支持，主要措施包括法律法规体系建设、财政补贴（风险补偿金、经营者补贴等）、税收优惠等几种方式，来提高金融机构发放产权抵押贷款的积极性，进而促进农地抵押融资的深度和广度。这些福利配套政策的出台有利于农地抵押融资供给主体融资产品价格的设计和供给能力的提高，也有利于供给主体交易成本的降低和需求主体融资利息的节省。因此，基于福利经济学视角分析农地经营权抵押融资，可以最大可能的确保需求主体的农地抵押融资信贷可得，进而提高个人福利水平和生活质量；也可以最大可能的确保供给主体的农地抵押融资风险补偿和微盈利，进而提高金融机构的经济效率和农村金融市场的稳定、健康，实现供需主体福利最大化，也就在一定程度上实现了整个农村甚至整个社会的福利最大化。综上所述，农地抵押融资的研究要以福利经济学作为理论基础，有利于国家完善农地抵押融资存在的不足，也有利于国家对供需主体资金投向和福利政策的变更和完善。

2.2.4　行为经济学理论

行为经济学为经济研究和政策制定做出了科学的贡献，从古典政治经济学和新古典经济学时期，部分学者认为，心理因素会对经济行为产生影响。在前人的思想和理论基础上，1978 年以西蒙的诺贝尔奖研究成果成为行为经济学早期研究的篇章，其主张认为，人由于受外部环境和个体认知的影响且人是有限理性的，往往选择最满意的决策。此后，心理学家和经济学家联合研究经济行为的发生机制。理查德·泰勒被认为是行为经济学的开山之人，其主张由于人所生活的环境是多样复杂的，人不能单纯从"理性"来思考问题，往往在做出抉择时会体现"社会人"特性，因此作为决策设计者的政府和企业应该为即将做出抉择的个人或团体塑造一个可供选择的决策架构。在前人研究的基础上，关于行为经济学的研究越来越受关注。2017 年"行为经济学之父"Richard H. Thaler 通过探索有限理性、社会偏好和缺乏自我控制等心理因素导致的结果，揭示了这些特征如何系统化影响个人决策和市场，其结果在经济和决策领域产生了深远影响。

行为经济学从早期研究到目前，沿着一条变化的主线就是"人的假设"问题，其主要关注的是人，是从纯理性人，到有限理性人，再到社会人的演变过程，在面对要解决的问题时，不同的人性假设所反映的心理状态不同，那么所产生的行为决策也不同。因此可以说，行为经济学的核心观点是将人的心理意识与决策行为结合起来研究现实经济问题，由此产生了预期理论和后悔理论。

作为本书的重要理论基础，预期理论是指由于每个人所面对的生存环境不同必然会对事物有不一样的看法和认知，也就是说，根据不同的看法和预期可以预测出人的不同行为选择。此理论的重点在于描述性的解释人们在面对不确定环境中根据自身的预期所做出的行为选择过程。比如，供需主体在面对农地抵押融资这一创新事物的不确定环境中，供需主体会根据自身的认知来预期是否有利以及未来发展的趋势，当预期很高时，双方融资意愿会很强烈，融资响应行为会积极，反之亦然。可见，不同的预期会决定不同的行为选择，不同的行为选择影响着业务的可持续性。因此，有必要研究预期过程而不是过多注重结果。后悔理论是指由于人们对不确定的环境和事物做出了预期反映，然而，最终事物的走向和预期结果相悖，那么会让人阐述后悔的心理反应。

本书根据行为经济学理论探究农地抵押融资对供需主体行为的影响，分析农户和金融机构面对农地经营权抵押融资是否参与进行决策时，会选择还是不选择？响应还是不响应？作为供给主体要在考虑自身的供给能力、不确定的金融市场环境、目前的经营状态以及农地抵押融资产品设计等具体情况的基础上，将心理预期对行为选择的影响充分体现；同样，作为需求主体也要考虑自身的还款能力、自然风险、市场产品价格等的预期来决定是否有农地抵押融资行为产生。综上所述，必须借助于行为经济学理论来探究农地抵押融资对供需主体行为的影响，解释现实发展情况，才能提高供需双方响应农地抵押融资的行为，提升农地经营权抵押融资效果。

3 | 农地经营权抵押融资的发展历程及基本现状

目前，我国农地经营权抵押融资的"顶层设计"并不健全，没有一个专门的组织或机构进行协调和明确发展的规划。虽然，全国各地在农地经营权抵押融资方面有共同之处，但是在具体的融资供给主体、融资运行模式、融资的期限和利率、风险补偿机制等方面有所不同，而且存在诸如法律法规不健全、流转市场不规范、产品设计不合理等问题。因此，在对农地经营权抵押融资实施效果评价之前，有必要对我国农地经营权抵押融资的发展历程及基本现状有一个清晰的认识。因此，本章首先对农地经营权抵押融资的发展历程进行简要分析与总结，把握发展脉络；其次，由于全国数据和资料收集的难度，本章第二节主要是以黑龙江省为例，整理农地抵押融资的现状、试点经验介绍、总结试点进展等，为本书后续章节提供现实背景与铺垫。

3.1 农地经营权抵押融资的发展历程

3.1.1 探索期（1988—2007 年）

1978 年以小岗村家庭联产承包责任制为开端的农村改革给发展中国家对农业的深化创新提供了宝贵的借鉴，这一次的改革可以说是制度通过创新路径来实现变迁进而推动了中国农业的发展。纵观世界农业，不难发现，农地抵押是实现农地资源合理分配和使用、化解农业所需信贷资金供需矛盾、发挥农地"资本"属性的必不可少的途径。作为在农村改革方面为世界农业做出重要贡献的中国，为了缓解农村因有效抵押物缺少而带来的农户的"融资难、抵押难、担保难"和农村金融机构的"难贷款"的问题，农地产权制度改革迈入了"市场"范围，打破原有规则，把农地经营权作为财产权进行重新设计和重视。然而，由于我国农地不同于国外农地的特殊性质，我国农地抵押模式不是一蹴而就的，是一个相对复杂的过程。鉴于此，农地抵押融资以探索方式拉开了序幕。

1988 年初国家确定了贵州省遵义市湄潭县作为我国第一个农地抵押融资的试点，标志着我国农地抵押融资进入了探索期。湄潭县为开展农地抵押融资业务还专门建立了土地银行，其主要承担在国家法律法规政策框架内合理的农地抵押融资中长期贷款业务。虽然国家对于农地抵押融资试点给予了高度重视，然而，毕竟这是一项创新制度，会面临很多诸如土地银行的资金来源、农户由于自然灾害和市场价格波动以及道德原因带来的违约、相关的评估流转的配套设施不到位等问题，这些问题没有妥善处理导致这项探索于 1997 年以失败告终，尽管在制度改革上没有实现变迁，但是其也为后续开展和推进农地抵押融资提供了借鉴。

湄潭县农地经营权抵押试验失败后，1997—2004 年农地经营权抵押融资进入了一段漫长的探索空白期。又一次尝试进行农地金融探索的是重庆市江津地区，其于 2005 年以农户农地经营权为抵押标的，获得生产经营性贷款为标志。随后，宁夏回族自治区吴忠市同心县于 2006 年以农户自有农地经营权作为资产入股农地抵押融资协会，然后在农户互保的基础上，协会再次提供总担保，在双重保障的条件下向承担农地抵押融资供给业务的金融机构贷款并按期归还；这种协会形式开展半年后，金融机构认为，农地抵押融资协会不是受国家法律保护的组织，存在放贷观望现象，为此，于 2007 年农户将协会变更为合作社。从此，西部地区农地抵押融资探索正式开始。2006 年，福建省三明市明溪县通过出台相关优惠扶持政策、搭建土地流转平台并摸索多种经营模式开始试探性进行农地经营权抵押贷款试点工作。

3.1.2 确立期（2008—2012 年）

2008 年以来，以赋予农民完整的农地产权制度改革重新启动，农地金融从理论和实践的视角已经全面进入农村经济发展领域。农民拥有完整的产权是促进农地抵押融资顺利开展的基础。因此，此阶段从农地确权和农地经营权抵押融资两个方面来介绍。

（1）农地确权。 农地确权颁证是深化农村改革的首要任务，农民只有拥有经营权，土地才能顺利抵押流转。农地确权颁证为农地经营权抵押融资开展和推进奠定了基础（图 3-1）。

确权是产权稳定的基础，明晰的产权可以消除农户对产权归属的顾虑；可以影响农地市场交易价格的预期。从而使得农地交易价格升高，必然带来农户

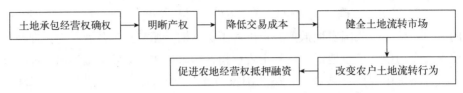

图 3-1 土地承包经营权确权对抵押融资的影响机理

在农地流转过程中交易成本相对降低，这种情况下，农户愿意改变农地流转方式，通过改变农户决策行为来促进农地抵押融资行为的发生。为了进一步推进农地抵押融资的顺利开展，2008—2012 年连续几年中央 1 号文件对农地确权颁布了建立确权颁证制度、农地确权登记在全国试点推行、确权登记试点扩大范围、创新农地确权登记办法，加大财政支持，加快推进确权工作、稳定土地承包关系长久不变，加快农村地籍管理的指导意见。

由中央对确权登记的高度重视可见，这是我国农村基本经营制度深化创新的重大举措，又是促进农地流转实现规模生产的重要途径，更是农地经营权抵押融资的保障。因此，理论上来看，加快完成土地承包经营权确权并实现颁证到户，对农户来说农地的合法权益得到明确，能够提高农户因农地经营权流转而带来的收入的提高。实践上来看，2008 年随着政策的出台，各地纷纷进行农地经营权确权工作，同年，四川省成都都江堰市柳街镇鹤鸣村被第一批确认为确权登记试点，到 2010 年其实现了 1 200 亩农地的登记确权。到 2012 年末，20 多个试点农地确权县在确权程序、地方工作指导方案、技术服务等方面都给予了明确规定。

（2）农地经营权抵押融资。2008 年，中国人民银行提出并开展"创新贷款担保方式，扩大有效担保品范围"揭开了农地抵押的新篇章，首选中部 6 省和东北 3 省有条件的 2～3 个县（市）试点，标志着从国家层面农地经营权抵押融资进入正式确立阶段。随后 2009 年《中国人民银行 中国银行业监督管理委员会关于进一步加强信贷结构调整促进国民经济平稳较快发展的指导意见》中提出，有条件的地方可以探索开办土地经营权抵押贷款。

随后各地为解决农户的贷款难问题而纷纷开展农地经营权抵押融资试点工作，作为粮食大省也是首批被确认的农村金融产品和服务方式创新试点的黑龙江省，于 2008 年 10 月由中国人民银行哈尔滨中心支行联合黑龙江省发展和改革委员会，在农业生产大县（区）肇东、呼兰、北林、克山、富锦、依安六地启动黑龙江省农地经营权抵押贷款试点工作。2009年以来，中国人民银行哈尔滨中心支行、银监会和黑龙江省发展和改革委员会结合农地经营权抵押贷款试点的各阶段推进情况，颁布了本省农地抵押融资管理办法，为资金供需主体保驾护航和指引、规范工作程序。随着黑龙江省农业生产方式由传统农业向现代农业转变，新型农业经营主体的迅速发展也对农地抵押融资提出了强烈的需求，也进一步推动了农地抵押融资工作的进展。

3.1.3　发展期（2013年至今）

2008—2012年，农地经营权抵押融资在确认后不断推进，直至2013年在党的十八届三中全会通过的《中共中央关于全面深化改革若干重大问题的决定》中确立了土地抵押的流转方式，意味着国家对农地抵押这一创新方式给予了政策上的合理化。而且，从全国各个试点的响应执行现状可以发现，农地经营权抵押融资进入了全面推进的发展期。

(1) 农地确权的发展。 2013年中央1号文件关于确权登记给予了这样的指示：要求在5年内基本完成此项工作。在此精神的指引下，中央1号文件于2014—2017年明确强调了试点要扩大到全国范围，将于2017年农地确权登记颁证达到28个省（区、市），试点范围扩大至全国2 718个县（区、市），3.3万个乡（镇）、53.9万个行政村（表3-1）。

表3-1　全国农村土地确权试点地区及试点时间

年份	新增试点省份
2014	四川、安徽、山东
2015	湖北、湖南、江西、江苏、甘肃、宁夏、吉林、河南、贵州
2016	黑龙江、浙江、广东、河北、辽宁、云南、海南、山西、内蒙古、陕西
2017	北京、天津、重庆、福建、广西、青海

资料来源：根据2014—2017年中央1号文件整理得出。

经过几年确权工作的推进，2017年农村土地确权登记取得了重大进展，截至2017年末，全国28个试点省份中，7个省份已经基本完成土地确权工作，9个省也即将结束该工作，还有12个省份正在陆续开展土地确权工作（表3-2）。

表 3-2　2017 年全国农地确权颁证试点完成情况

	试点省份
已经完成	四川、安徽、江西、河南、宁夏、陕西、山东
接近尾声	甘肃、贵州、海南、湖南、湖北、山西、江苏、河北、天津
正在进行	北京、重庆、福建、广西、青海、吉林、内蒙古、辽宁、黑龙江、浙江、广东、云南

资料来源：根据各省（区、市）网站及全国权威网站整理得出。

　　截至 2018 年初，农地确权工作实现了全国 31 个省（区、市）的全覆盖，具体包括：确权颁证的县、乡、村分别达到 2 747 个、3.3 万个、54 万个，确权颁证的农地达到 11.59 亿亩。同时，中央文件给予指示预计于 2018 年末全部完成确权工作，这项工作的开展为农地经营权抵押融资顺利推进奠定了基础。

　　(2) 农地经营权抵押融资的发展。国家也给予了前所未有的重视，2013 年在党的十八届三中全会通过的《中共中央关于全面深化改革若干重大问题的决定》中确立了土地抵押的流转方式。2014 年中央 1 号文件《中共中央 国务院关于全国全面深化农村改革加快推进农业现代化的若干意见》提出"允许承包土地的经营权向金融机构抵押融资"。同年 4 月，国务院办公厅明确指出要创新农村抵（质）押担保方式，并在经批准的地区进行试点。2015 在国务院印发的《关于开展农村承包土地的经营权和农民住房财产权抵押贷款试点的指导意见》中进一步明确了农地抵押融资的指导思路。同年 12 月，国家进一步提出 232 个试点县（市、区）行政区域的试点推进范围。2016 年 3 月国家正式出台了《农村承包土地的经营权抵押贷款试点暂行办法》，开始在全国大力响应并进一步推进此业务的改革。2017 年国家提出"加快农村金融创新，推进农业供给侧改革"，强调农地经营权的抵押和担保权能。2018 在中央 1 号文件《中共中央 国务院关于实施乡村振兴战略的意见》中明确指出，能够用农地经营权向金融机构进行融资担保。2019 年《中共中央 国务院关于坚持农业农村优先发展做好"三农"工作的若干意见》中提出，允许以承包土地经营权为担保进行融资。由此可见，政策的支持让农地抵押融资渐渐变成缓解农户和金融机构"贷款难和难贷款"的焦点（表 3-3）。

表3-3 中央对农地经营权抵押融资的指导意见

年份	文件	对农地抵押融资发展的要求
2013	《中共中央 国务院关于加快发展现代农业进一步增强农村发展活力的若干意见》	赋予农民承包经营权抵押担保权能
2014	《关于全面深化农村改革加快推进农业现代化的若干意见》	允许承包土地的经营权向金融机构抵押融资
2015	《关于加大改革创新力度加快农业现代化建设的若干意见》	对于农地经营权给予了明确界定
2016	《关于开展农村承包土地的经营权和农民住房财产权抵押贷款试点的指导意见》	稳妥有序开展农地的经营权贷款试点
2016	《关于完善农村土地所有权承包权经营权分置办法的意见》	健全农地经营权流转抵押贷款额等具体办法
2017	《中共中央 国务院关于深入推进农业供给侧结构性改革加快培育农业农村发展新动能的若干意见》	深入推进农地经营权抵押贷款试点
2018	《中共中央 国务院关于实施乡村振兴战略的意见》	农地经营权可以向金融机构融资担保
2019	《中共中央 国务院关于坚持农业农村优先发展 做好"三农"工作的若干意见》	允许农地的经营权担保融资

资料来源：根据中央文件整理得出。

  中央下发一系列文件大力支持和引导农地抵押融资发展的同时，黑龙江省于2013年应四类新型农业经营主体对农地抵押融资这一创新产品的需求，选择了克山、依安、方正等县进行融资模式创新。随后，针对黑龙江省现代农业发展形势的变化情况，于2014年针对农地经营权抵押申贷人要求、具体抵押条件、流程、各方主体的权责、抵押品处置等方面对《黑龙江省农地经营权抵押融资管理办法》进行了完善，此举引起了农地抵押融资供需主体的青睐，可以说，为农地抵押融资扩大全省覆盖面提供了政策支持。2015年黑龙江省试点扩大到15个县（市、区）。随着试点扩大，黑龙江省于2016年成立了农地抵押融资推进工作组并颁布了《黑龙江省农村承包土地经营权抵押贷款试点实施方案》，为本省农地抵押融资工作提供了发展的动力。同时，在各相关工作单位的共同合作下，制定了农地抵押融资相关配套设施并完善了各县市因地制宜的工作方案，为进一步推进发展提供了坚实保障。正是由于不同时期的不同管理方式，黑龙江省农地抵押融资也实现了快速发展，截至 2013 年末，开办的农地经营权抵押贷款余额 99.58 亿元。截至 2014 年末，达到 137.9 亿元。截至 2015 年末，黑龙江省农地经营权抵押贷款余额达到 158.23 亿元。2016 年 6 月末，黑龙江省试点农地抵押贷款余额 71.8 亿元，排全国首位，占全国贷款余额（134 亿元）一半以上。截至 2016 年末，黑龙江省农地抵押贷款余额达到 187.617 7 亿元。截至 2017 年末，黑龙江省农地抵押贷款余额达到 177.78 亿元。截至 2018 年末，黑龙江省农地经营权抵押融资余额已高达 208.30 亿元，融资金额的不断扩大给乡村振兴战略提供了大量的信贷支持，也为缓解农户日益增长的资金需求和金融机构约束性供给之间的矛盾做出了贡献。

3.2　农地经营权抵押融资的基本现状

本节从融资产品、供需主体、实施原则、融资运行、风险补偿机制等六个方面阐述农地经营权抵押融资的现状。由于目前关于农地经营权抵押融资的官方统计数据有限，本章主要以黑龙江省 2016 年 6 月的数据进行统计分析。

3.2.1　供给主体

农地经营权抵押融资作为农村金融特殊的创新产品，其供给主体是正规金融机构。在开展试点的最初，承担这项服务业务的涉农金融机构主要是中国农业银行和由农村信用社转变来的农村商业银行。随着国家政策的大力支持和地方的大力推进，目前，除了上述的金融机构以外，中国银行、中国邮储银行、中国工商银行以及包括村镇银行在内的一些新型农村金融机构也纷纷开设办理这项业务，但从各地发展的实际情况来看，农村信用社仍然是农地抵押融资的主力，承担着一半以上的业务。

截至 2016 年 6 月末，黑龙江省农地经营权抵押融资的供给主体达到 7 家以上，即农村信用社、中国邮政储蓄银行、中国农业银行、农村商业银行、中国银行、中国建设银行、中国工商银行以及包括哈尔滨银行在内的其他机构。2016 年 6 月末黑龙江省农地经营权抵押贷款余额是 187.617 7 亿元，其中农村信用社贷款余额市场份额最大，占比为 74.45%；农村商业银行次之，占比为 10.45%；其他机构占比为 9.74%，其他 5 家合计占比仅为 5.36%（图 3-2）。

在农地经营权抵押融资业务经营上，农村商业银行、农村信用社、中国邮

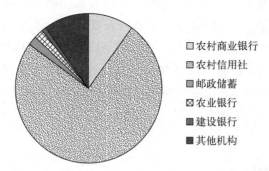

图 3-2　2016 年 6 月末黑龙江省农地经营权抵押融资金融机构市场份额占比

政储蓄银行、中国农业银行、中国建设银行、其他机构涉农金融机构，业务经营区域较广，几乎实现了黑龙江省所有地市的全覆盖，其中以农村信用社、农村商业银行覆盖面最广（表 3-4）。

表 3-4　2016 年 6 月末黑龙江省农地经营权抵押融资供给主体贷款余额

单位：百万元

地市	农商行	农信社	邮储银行	农业银行	中国银行	建设银行	工商银行	其他机构	合计
哈尔滨	366.24	4 055.32	17.95	231.43	0	0	0	1 233.28	5 904.22
齐齐哈尔	26.06	1 743.94	0.36	1.39		0	0	82.45	1 854.20
牡丹江	0	61.42	13.84	0		1.5	0	0	76.76
佳木斯	0	2 862.73	274.94	4.14		0	0	31.03	3 272.84
大庆	392.83	265.77	0	7		0	0	49.5	715.1
鸡西	994.95	1 297.46	15.23	13.03		7.90	0	0	2 328.57
鹤岗	133.88	339.56	0.13	82.49		0	0	15.64	571.70
双鸭山	14.53	872.61	8.91	15.79		0	0	54.77	966.61
七台河	0	13.54	0.37	0		0	0	2.96	16.87
绥化	19.20	1 940.29	1.93	15.17		152.42	0	367.47	2 496.48
黑河	6.0	343.08	4.20	0		0	0	0	353.28
伊春	0	0	3.35	0		0	0	0	3.35
大兴安岭	0	246.87	0	54.92		0	0	0	301.79
合计	1 953.69	14 042.59	341.21	425.36	0	161.82	0	1 837.10	18 761.77

资料来源：2016 年人民银行哈尔滨支行土地的经营权抵押贷款全面调查情况。

黑龙江省于 2016 年末统计数据显示已经有 137 家开展农地抵押融资的金

融机构。在这些供给主体中，36 家修订了农地抵押融资放款数量与信贷员经济效益挂钩的制度，对办理该业务的机构人员给予一定的制度支持；59 家制定和完善了农地抵押融资的有关申贷审核、放贷流程、贷后监督、风险处置等管理办法和具体操作；59 家由于放贷信誉良好、经营能力强、供给意愿和开展业务积极等获得中国人民银行授权批准从事农地抵押融资业务；40 家从农户的角度出发，简化抵押融资流程，使农户从申请—审批—发放的时间减少至少 3 天。

3.2.2 需求主体

农地抵押融资的出台是为缓解农村资金需求主体的"三难"问题，从公共政策视角来分析，农地经营权抵押融资的目标群体或受益对象也是需求主体，从目前的分类来看，包括普通农户和新型农业经营主体两类。农地抵押融资的需求主体对资金的需求是指其在贷款过程中所发生的交易费用影响农地抵押融资产品消费量，因为只有将价格控制在需求者能够接受的范围内，其才会愿意和购买商品，所以说价格决定着需求的数量。因此，金融机构在设计产品时其价格直接影响着需求主体的需求数量。其中，普通农户是进行小规模农业生产的农户，而新型农业经营主体是进行规模化农业生产的组织和个人，即专业大户、家庭农场、农民专业合作社和龙头企业四类。

黑龙江省农地抵押融资的需求主体贷款情况（表 3-5），小规模农户贷款笔数 241 818 笔，家庭农场贷款笔数 1 287 笔，专业大户贷款笔数 3 474 笔，农民专业合作社 3 012 笔，农业产业化龙头企业贷款笔数 15 笔，结合各个需求主体情况，本书所研究的需求主体主要是普通农户。

表 3-5 2016 年 6 月末黑龙江省农地经营权抵押融资需求主体贷款情况

单位：百万元，笔

地市	农户		专业大户		家庭农场		农民合作社		龙头企业	
	余额	笔数	余额	笔数	余额	笔数	余额	笔数	余额	笔数
哈尔滨	5 054.23	98 213	103.43	100	43.98	172	352.63	2 617	3 654.00	10
齐齐哈尔	1 652.68	23 777	0	0	57.41	266	144.11	63	0	0
牡丹江	72.26	1 475	3.00	1	0	0	1.50	1	0	0
佳木斯	3 177.05	34 119	14.46	111	4.14	44	77.19	35	0	0
大庆	537.60	3 270	20.00	2	80.70	32	27.30	5	49.50	1

（续）

地市	农户		专业大户		家庭农场		农民合作社		龙头企业	
	余额	笔数	余额	笔数	余额	笔数	余额	笔数	余额	笔数
鸡西	1 960.83	30 398	14.91	43	344.23	1 722	8.60	3	0	0
鹤岗	571.70	7 562	0	0	0	0	0	0	0	0
双鸭山	947.89	13 346	13.75	114	2.04	42	2.93	2	0	0
七台河	13.91	388	0	0	0	0	296.00	1	0	0
绥化	1 868.19	24 298	104.84	771	155.10	1 048	346.35	220	22.00	4
黑河	322.58	2 363	0	0	0	0	30.70	65	0	0
伊春	3.35	28	0	0	0	0	0	0	0	0
大兴安岭	218.61	2 581	51.23	145	31.95	148	0	0	0	0
合计	16 400.88	241 818	325.62	1 287	719.55	3 474	1 287.31	3 012	3 725.50	15

资料来源：2016 年人民银行哈尔滨支行土地的经营权抵押贷款全面调查情况。

3.2.3 实施原则

（1）政府主导原则。 目前，我国农地经营权抵押融资是在政府大力支持和推动下开展的。一方面，通过宣传、引导、鼓励农户和新型农业经营主体参与农地经营权抵押融资的积极性，同时，通过风险补偿、财政手段（如拨付资金、提供利率优惠）等政策的完善来推动供给主体积极参与和响应；另一方面，各级政府通过行政、法律、经济等对农地抵押融资的管理、监督和调控，充分发挥其在农业和农村经济中的作用。

（2）市场运作原则。 目前，农地经营权抵押融资从实质上来看仍是政策性贷款，但抵押融资创新是市场行为，其能否具有持续发展的能力，关键还在于市场机制的完善。当前，在运作上来看，开展农地经营权抵押融资业务的金融机构主要还是在市场竞争的条件下，按照机构的供给能力决定开展合适的业务；在风险预防来看，金融机构依靠市场对资源的调节作用，来吸收社会资本共同承担农地抵押融资可能出现的风险，这种风险分担方式能够减轻政府的财政压力，同时提升金融机构参与抵押融资的积极性；在财政补贴上，政府的补贴与市场经济需求相匹配，从而促进其运行和推广。

（3）自主自愿原则。 农户和新型农业经营主体是农地经营权抵押融资业务开展的目标群体，其对农地经营权抵押融资的积极性和态度将直接决定此项业务能否顺利开展。因此，农户和新型农业经营主体参与响应农地经营权抵押融资业务是根据自身意愿、家庭资本和抗风险能力等自主自愿地选择是否参与，不存在政府的强制执行；同时需要指出的是新型农业经营主体在用农地经营权到金融机构进行抵押贷款时，需经过所有承包户的同意，即与承包农户在签订土地流转合同时载明是否同意农地经营权抵押贷款和处置。应以尊重农户和金融机构主体的意愿为前提，合理引导、提高主体参与意愿和响应行为。

(4) 因地制宜原则。 目前，各地纷纷响应国家政策开展和大力推进有利于缓解抵押难、融资难的农地经营权抵押融资业务，但由于各地域差异和农民对土地依赖程度的差异等，乡镇之间、县域之间、城市之间形成的抵押融资模式各不相同。就农地经营权抵押融资模式而言，不同时期、不同理念、不同地域、不同农业经济组织形式和农民诉求会导致融资模式发生改变。因此，应在尊重农民自愿选择条件下，因地制宜的形成、调整与转变农地经营权抵押融资的推广模式。

(5) 循序渐进与协同推进原则。 首先从政策实施战略看，我国农地经营权抵押融资遵循的是循序渐进的原则。作为一项制度的改革与创新，通常有两种常见的方式，即快速推进、全面启动和以点带面、逐步展开方式。我国目前农地经营权抵押融资业务根据我国农村经济和农村金融的发展，从农地对农户的社会保障和违约对金融机构不良贷款风险的角度出发，采取试点的方式，逐步开展的形式，来稳扎稳打的推进。其次从政策具体实施看，参与农地经营权抵押融资的各级政府、相关部门、金融机构等，要以农户的需求和利益为依据，在农地经营权抵押融资的宣传、推动、风险分担等各项工作中共同合作，协调一致地推进。

3.2.4 融资运行模式

运行模式是指需求主体（农户）向供给主体（金融机构）申请农地抵押贷款、归还、发生风险等一系列事项的运作过程。自农地抵押融资进入确立期以来，全国各地根据各自经济和社会发展的差异，创新了抵押物担保、反担保等各自不同的运作模式。最典型的农地经营权抵押融资模式有以下形式（表 3-6）。

表 3-6　农地经营权抵押融资典型模式

试点地区	主要模式	服务对象
宁夏回族自治区吴忠市同心县	"农户+合作社+银行"融资模式	农户
福建省三明市明溪县	"申请者+政府部门+金融机构"融资模式	规模经营主体

（续）

试点地区	主要模式	服务对象
陕西省咸阳市杨凌区	"农户＋产权交易中心＋金融机构"融资模式	农户
陕西省西安市高陵区	"农户＋四个中心＋金融机构"融资模式	农户
山东省枣庄市	"规模主体＋担保公司＋金融机构"融资模式	规模经营主体
江苏省连云港市东海县	"贷款申请方＋农交所＋银行（农信社）"融资模式	农户和规模经营主体
宁夏回族自治区石嘴山市平罗县	"农户＋村集体＋向金融机构"融资模式	农户

资料来源：根据各地试点农地经营权抵押融资管理办法归纳。

黑龙江省农地经营权抵押融资实践是申请人经村集体同意，可直接与第三方合作平台签署协议，由相关部门进行价值评估进行抵押公示，向金融机构出示贷款申请说明，上交有关农地经营权的材料，然后由金融机构对相关材料进行审查，通过后向农户或新型农业经营主体发放贷款。形成了不同的具体模式，如表 3-7 所示。

表 3-7 黑龙江省部分地区农地经营权抵押融资模式

市县	主要模式	服务对象
克山县	"四权结合"抵押模式：农地经营权＋收益权＋农民财产权＋集体机动地	农户和规模经营主体
兰西县	"农业经管站＋扶贫办＋农村信用社"合作开创了"一扶多"扶贫土地抵押贷款模式	农户和规模经营主体
绥滨县	"土地承包经营权抵押贷款""流转土地经营权抵押贷款""农户互保＋经营权抵押贷款""农户联保＋经营权抵押贷款"等形式	农户和规模经营主体
方正县	"农户＋产权交易中心＋信贷"融资模式	农户
富锦市	"银行信贷＋金成公司＋农户土地"的信贷模式	规模经营主体
桦川县	开展了农地经营权反担保，形成"银行信贷＋农业集团＋农户土地"的信贷模式	农户和规模经营主体
大兴安岭	推行"银行＋岭南生态农业示范区＋家庭农场"的新型模式	规模经营主体

资料来源：黑龙江省农地抵押融资管理办法和各县市具体实施细则整理。

综合上述农地抵押融资运行模式可知，虽然运行模式很多，需求主体也不同，操作流程各异，但是，从抵押形式来分类，目前可以归纳为以下四种，即单一农户、多农户联合、第三方、入股等抵押融资业务模式（表3-8）。

表3-8 我国农地抵押融资模式的四种典型类型比较

模式选择	单一农户抵押	多农户联合抵押	第三方和农户反担保抵押	农户入股抵押
具体做法	农户将农地经营权直接抵押给金融机构	同一组织内其他农户担保的同时以申贷者的农地经营权做反担保	申贷农户将农地经营权抵押给担保机构，由其为担保的同时申贷农户提供反担保	农户以农地经营权入股法人机构，第三方对农户贷款担保，而法人机构反担保于对第三方
参与主体	农户、金融机构、评估机构、土管部门	多个农户、贷款小组、金融机构、评估机构、土管机构	三方担保机构、金融机构、评估机构、土管机构	农户、法人机构、第三方担保机构、金融机构、评估机构、土管机构
贷款额度	市场价值的50%～70%	以市场评估价值为依据，多次发放	由于具有双重担保的特点，在风险可控的情况下可增加贷款额度	
贷款发放期	从短到长依次为单一农户抵押、多农户联合抵押、第三方和农户反担保抵押、农户入股抵押			
违约风险	从大到小依次为单一农户抵押、多农户联合抵押、第三方和农户反担保抵押、农户入股抵押			

资料来源：根据文献整理。

以上归纳的四种典型运行模式以政府和市场的作用角度出发，可将农地抵押融资模式划分为市场主导和政府主导两种类型运行模式。其中，市场主导运行模式，是充分发挥市场的作用，意味着供需主体对农地抵押融资的响应强烈，而要求政府改革创新制度以适应市场主体的要求，从制度变迁的视角分析，市场主导运行模式是典型的诱致性变迁方式，通过供需主体的要求来渐进式影响政府对其利益诉求的认同。政府主导运行模式，是充分发挥政府的作用，意味着政策制定主体的政府推行农地抵押融资，强制供需主体对农地抵押融资认同和响应，而供需主体在此过程中没有主导权，只能配合，从制度变迁的视角分析，政府主导运行模式是典型的强制性变迁方式。这两种不同的主导模式适合不同的农地抵押融资业务开展时期，当处于开展初期时，强制性制度变迁路径的作用力会很明显；当处于发展期时，诱致性制度变迁路径的影响会更适合。从现有试点分析，多数还是以政府主导模式形成，市场作用为辅，如果要想一项政策持续长久下去，应该充分发挥"政府＋市场"融资模式的作用。

3.2.5 融资期限和利率

在农地经营权抵押融资业务实施方面，总体来说贷款额度原则上不超过申贷农户农地评估价值的50%~70%，贷款期限通常为1年以内（含1年）、1~3年（含3年）和3年以上；还款方式都是采用"一年还本，按季还息"的方式进行偿还本息。放款期限从申贷到获得贷款最长目前是3天，而且如果农户不出现违约行为，按时还清的情况下，再次农地抵押融资的话，供需双方再次签订合同就可以实现随申随贷，轻松拿到所需资金，可以说放款期限大大地缩短了。申贷流程也简化了，就担保人一项来说需要具有还款能力、信用良好、不限职业的1~3个担保人给申贷农户提供担保即可通过担保审核。

黑龙江省农地经营权抵押融资实施的贷款期限，原则上是根据农户不同的需求和家庭经济情况进行分档设置，需求主体可以选择差异化的贷款期限（表3-9）。总体来看，短期即1年以内（含1年）的融资期限有很明显高于其他期限的需求，其次是1~3年（含3年），最后是3年以上（图3-3）。

表3-9 2016年6月末黑龙江省各地市农地经营权抵押融资业务期限统计

单位：百万元

期限	哈尔滨	齐齐哈尔	牡丹江	佳木斯	大庆	鸡西	鹤岗
1年以内（含1年）	4 714.83	1 489.14	73.76	2 665.06	276.96	1 080.23	335.99
1~3年（含3年）	1 189.13	363.79	3	607.78	350.64	1 248.34	235.71
3年以上	0.29	1.27	0	0	87.50	0	0

期限	双鸭山	七台河	绥化	伊春	黑河	大兴安岭
1年以内（含1年）	930.68	16.87	1 880.03	3.35	347.28	301.79
1~3年（含3年）	35.93	0	529.31	0	6	0
3年以上	0	0	87.14	0	0	0

资料来源：2016年人民银行哈尔滨支行土地的经营权抵押贷款全面调查情况。

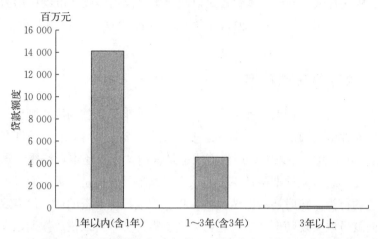

图 3-3　2016 年 6 月末黑龙江省各地市农地经营权抵押融资业务期限贷款额度统计

　　由于农地抵押融资属于"三农"创新金融产品，其业务从政策制定到市场推广都是为了缓解农户"三难"问题，因此，农地经营权抵押融资利率设置有别于其他金融产品。中国人民银行规定不管是农户还是新型经营主体申请农地抵押融资，均以央行短期贷款基准利率上下调幅度不能超过 50% 为标准。从短期贷款基准利率设计看，2012 年 7 月以来连续降低短期贷款基准利率，各农地抵押融资供给主体依据贷款基准利率设计农地融资产品利率已经连续从 10.08‰ 下降到 7.275‰。

3.2.6　风险补偿机制

　　农地经营权抵押融资是以农地经营权作为抵押物的一种特殊融资方式，面临诸多风险，尤其是自然风险、市场风险、违约风险、农地处置风险等日益显现，如何防范和规避风险，保障农地经营权抵押融资顺利实施下去，需要政府和金融机构结合农村经济社会发展实际，设立不同形式的风险补偿和分担机制对其起到保障作用。

　　从目前的实际情况来看，笼统地划分农地抵押融资风险补偿机制，可以说可分为两个大类：一类是由合作社或协会通过内部约定来进行风险补偿，另一类是由政府和金融机构来通过共同出资进行风险补偿。无论哪一种都是为了降低农地抵押融资风险的损失，降低资金供给主体的负担和减少其业务推进的后顾之忧。实践中，由于我国绝大多数的农地抵押融资都是由政府主导推动，因此风险分担机构都是由政府担任，但是也有少数如福建省三明市明溪县就是由非政府组织（行业协会）来分担风险的。全国部分地区的具体做法见表3-10。

表 3-10　全国部分地区农地经营权抵押融资风险补偿机制

市县	风险补偿机制
辽宁省辽阳市法库县	由县财政通过风险补偿专项资金的形式来进行补偿
四川省成都市	由县政府通过农地抵押融资风险基金来进行补偿
重庆市	由政府通过风险补偿专项来进行补偿
浙江省宁波市	由政府通过风险防范基金来进行补偿
湖北省天门市	由政府通过风险防范基金来进行补偿
宁夏回族自治区 石嘴山市平罗县	由政府通过风险防范基金和县财政预算共同来进行补偿
福建省三明市明溪县	由行业设立基金，通过基金担保和经营户的农地经营权抵押共同来进行补偿

资料来源：根据文献资料和各县市风险具体管理办法归纳。

　　黑龙江省的风险补偿机制主要分为三种形式：首先，通过整合财政资金作为风险补偿金，采用这种方式进行风险补偿的主要是克东县和兰西县，并通过完善风险分担机制合理分配各自承担的部分；其次，通过担保的形式来分担风险，采用这种方式的是佳木斯市金成农村金融服务有限公司，其通过与金融机构合作，提前将保证金放在资金供给机构，为有农地抵押融资需求的主体担保，解除了供给机构的风险担忧；再次，通过违约后农地经营权处置系统的健全来进行风险分担，这种方式主要是通过完善农地抵押融资配套设施、加强各利益主体之间的合作以及司法程序的支持来实现。

4 农地经营权抵押融资实施效果评价

　　效果是对服务主体、规划、项目等经过实施后是否达到预定目标和目标实现程度的评判。可以说其既是对现阶段农地经营权抵押融资的总结，又是继续推进农地经营权抵押融资的新起点。本章在掌握黑龙江省农地经营权抵押融资整体状况的基础上，根据实施效果的影响机理和指标体系的构建原则，建立了农地经营权抵押融资实施效果的评价指标体系，在此基础上实证分析黑龙江省农地抵押融资实施效果，以期科学评价农地经营权抵押融资的实施情况，为后续政策完善和效果提升提供依据。

4.1　效果评价指标体系的构建

4.1.1　指标体系设计原则

　　(1) **客观性与科学性原则。** 设置农地抵押融资实施效果评价指标时，一方面，必须深思熟虑、反复推敲出能反映被评估对象客观本质的指标，才能真正反映被评估对象的真实效果，否则指标设置与应用不能真实反映客观现象，出现流于形式的结果；另一方面，设置的指标必须要体现科学性，能够科学、真实的反映各指标内涵，采取科学规范的方法确定指标数值和统计结果，从而保证结果正确和客观。

　　(2) **全面性与可行性原则。** 指标体系的构建，一方面，应坚持全面性原则，即要反映农地经营权抵押融资实施过程的每个方面和环节，每一个具体指标的确定都要能体现全面评价的意义，选取的每一个具体指标应全面反映评价的目的，禁止出现以偏概全现象，要能真实可靠地体现出评价结果。另一方面，应坚持可行性原则，无论是指标体系的建立还是具体到每一个指标的选择，必须建立在客观现实的基础上。在数量方面，尽量坚持"少而精，少而全"的思路，在指标选择时，尽量选择易于获得数据的指标，从而确保评估的可靠。

（3）**一致性与多维性原则。**农地抵押融资实施效果评价的目的是对目前抵押融资的实际情况给予归纳，发现问题，确保抵押融资政策持续下去，更好地缓解农户"贷款难"和金融机构"难贷款"的供需矛盾。基于此出发点，构建指标体系要反映目的与结果的一致性。同时，农地经营权抵押融资是一项复杂的工作，必须坚持从不同角度构建多维指标，进而完成对农地经营权抵押融资效果进行客观、全面、科学地分析，为下一步工作提供理论依据。

（4）**导向性原则与简易性原则。**农地经营权抵押融资实施效果评价指标体系构建时，必须在我国的时代背景下，遵循经济发展新常态和农业供给侧的改革目标，坚持乡村振兴战略，结合我国经济、社会发展政策要求，进行指标体系构建与筛选，体现指标体系的导向性作用。与此同时，由于调研对象主要为农户，因此指标设置应考虑尽量简单易懂，结构不太复杂的，以便为被调研农户节省回答问卷的时间和提高回答的积极性。

（5）**定量和定性相结合原则。**由于反映农地经营权抵押融资效果评价的指标各异，呈现出两种情况：一种指标是能够用数量表现出具体内容，比如农地抵押融资规模、结构、覆盖面、农民收入、经营情况等；另一种指标是不能够用数量只能通过主观的界定反映出具体内容，比如农户对农地抵押融资的认知、满意情况等。因此，为了能够科学合理地测评出农地抵押融资实施效果，应该坚持定量和定性相结合的方式来建立指标体系。

4.1.2 指标体系构建

通过第二章、第三章对农地经营权抵押融资概念、农地抵押融资发展历程与黑龙江省实施现状进行分析的基础上，在《中华人民共和国农业法》《农村承包土地的经营权抵押贷款试点暂行办法》《中华人民共和国物权法》《中华人民共和国担保法》和《中华人民共和国农村土地承包法》以及历年中央1号文件的指导下，从政策执行理论模式和指标建立原则，参照梁虎（2018），俞滨、郭延安（2018），宋国庆（2018），马嘉鸿（2016），曹璨（2017）等学者关于效果评价指标建立的探讨，本书基于核心利益相关者的视角，从农户、金融机构、政府三个主体维度构建了农地抵押融资实施效果评价指标体系。

1. 农户维度

农地抵押融资是为了解决农村资金需求主体因缺少有效抵押物而无法满足生产经营所需资金困境的惠农政策。其中，资金需求主体主要指农户，也就是说，农地抵押融资的目标群体和保障利益实现的首要核心主体就是农户。那么，政策的出台是否实现了预期，农户是否用农地经营权进行了抵押融资，是否实现了因信贷增加而获得的收入提高。要对这些问题给予解释，就需要对农户融资情况进行评价。所以，本书选取三个指标，即农户对农地抵押融资的满意度、对农地抵押融资的响应行为、家庭福利的变化。

(1) 满意度评价。农户在参与农地经营权抵押融资的过程里，依据自身对其的了解、理解、认知状况，会基于成本收益的视角对农地抵押融资带来的价值予以一种主观是否满意的评价，根据对满意度的看法可以权衡出农户的认同情况，从而反映政策效果。因此，本书通过政策认知度、政策内容满意度、配套设施满意度指标来反映农地经营权抵押融资实施效果。

(2) 响应行为。农地经营权抵押融资实施效果如何，最直观的反映是通过农户对此业务的响应行为来体现，即是否有贷款需求的农户都能够申请农地抵押融资，是否有农地抵押融资意愿的农户都发生了融资行为，农户抵押融资行为是否有连续性。那么，就需要我们依据农户响应农地抵押融资行为的评价予以解答，从而也能反映政策实施效果。因此，本书通过响应地区数量、融资响应率、融资续融率指标反映农地经营权抵押融资实施效果。

(3) 家庭福利变化。农户福利水平最为直观反映借款对农户家庭经济的影响，农户融资信贷无论是用于农业生产还是用于家庭生活消费，一方面能带来收入的提高，另一方面能带来消费上的满足，都能体现出农户家庭福利水平的变化，更能体现出农地抵押融资对农户的惠农效果。因此，本书通过农民收入、农民消费和家庭固定资产变化来反映农地经营权抵押融资实施效果。

2. **金融机构维度**

由于农业生产具有高风险和农户有效抵押物的缺少等问题，导致农村金融机构"惜贷"现象严重。国家农地经营权抵押融资的实施是要解决因缺少有效抵押物而导致金融机构供给行为不强的现象，从而保障其稳定推进，实现惠农效果。那么，从金融机构的维度来分析其是否会可持续发展业务，就需要考虑金融机构是否有供给积极性、是否大力推行此业务，这项业务是否能给其带来收益。所以，本书选取三个指标来评价农地经营权抵押融资的实施效果，即供给积极性、组织实施、经营情况。

(1) 供给积极性。由于我国贷款实行严格的"信贷员"问责制，对于一项金融产品服务，金融机构信贷人员的执行情况能直接反映实施效果。信贷员在决定每笔贷款的发放与否时具有一定的独立决策权，可以说信贷员对贷款供给积极性在一定程度上是金融机构开展业务的缩影，即供给积极性直接反映了农地抵押融资业务开展的积极性。所以，本书选择三个指标来评价农地抵押融资供给积极性，即经营机构数量、区域覆盖率、贷款发放增长率。

（2）组织实施。出台农地经营权抵押融资的基本目的是为了尽可能改变由于农户融资"三难"而减少的农业收入，缓解金融机构供给约束，积极组织实施发放贷款，让有融资需求的农户尽最大可能地满足其资金需要，切实发挥农地经营权抵押融资的惠农作用。因此，本书选取申贷时效、贷款利率、抵押物处置及时性三个指标来评价金融机构对农地抵押融资的组织实施情况。

（3）经营情况。金融机构是营利性组织，而农地抵押融资这一创新产品又存在潜在的不安全性，尤其对于农地抵押融资的惠农产品来说收益低和不稳定因素高的情况下，通常金融机构会通过成本收益来决定是响应还是观望，为此，金融机构自身成本收益可以用来反映实施效果。因此，本书选取以下三个指标来评价金融机构对农地抵押融资的经营情况，即农地抵押融资利润率、不良贷款率、融资发放量。

3. 政府维度

政府希望通过政策制定、引导、财政支持等手段，实现农地经营权抵押融资经济和社会效果。通常政府从惠农角度出发，相对更重视农地抵押融资的社会效益，其主要体现在提高农地经营权抵押融资开展、提高农业生产水平以及农村社会保障的实现水平上。因此，政府维度的农地经营权抵押融资效果评价指标应该包含农地经营权抵押融资发展水平、农业发展和农村社会保障发展水平三个方面。

（1）农业发展。农地经营权抵押融资是为"三农"服务而颁布的，其是实现惠农的重要途径之一，那么农地抵押融资实施效果如何，可以借助于对农业发展是否有影响来衡量。所以，本书选择三个指标来评价农地经营权是否促进了农业发展，即农民收入增长率、农业产出、第一产业产值占比。

（2）农地抵押融资发展。能够最为直接的表现实施效果的指标就是农地抵押融资的发展。因此，本书选择三个指标来评价，即农地抵押贷款规模、农地抵押贷款结构、融资覆盖。

（3）农村社保发展水平。农地抵押融资能够促进农村社会保障水平的提高，从一般意义上讲，农地抵押融资能保障农民的土地增值收益，农民收入水平提高会增加个人缴费，即意味着农村社会保障水平的相应提高。因此，本书选取新型农村医疗保险的参合率、农村基本养老保险覆盖情况、农业保险保费收入来判断农地经营权抵押融资是否推动了农村社会保障的发展。

综上所述，本书通过建立三个核心主体、27 个指标组成的农地经营权抵押融资实施效果评价指标体系，具体内容如下（表 4-1）。

表 4-1　农地经营权抵押融资实施效果评价指标体系

一级指标	二级指标	三级指标
农户 A_1	满意度 B_1	政策认知程度 C_1
		政策内容 C_2
		配套设施 C_3
	响应行为 B_2	融资响应率 C_4
		续融率 C_5
		响应地区数量 C_6
	家庭福利水平 B_3	农民收入 C_7
		农民消费 C_8
		家庭固定资产 C_9
	供给积极性 B_4	区域覆盖率 C_{10}
金融机构 A_2		贷款发放增长率 C_{11}
		经营机构数量 C_{12}
	组织实施 B_5	申贷时效 C_{13}
		贷款利率 C_{14}
		抵押物处置及时性 C_{15}
	经营情况 B_6	融资利润率 C_{16}
		不良贷款率 C_{17}
		融资发放量 C_{18}
政府 A_3	农地抵押融资发展 B_7	融资覆盖率 C_{19}
		贷款规模 C_{20}
		贷款结构 C_{21}
	农业发展 B_8	农民收入增加率 C_{22}
		农业产出 C_{23}
		第一产业产值占比 C_{24}
	农村保障发展 B_9	新医疗参合率 C_{25}
		农村基本养老保险覆盖情况 C_{26}
		农业保险保费收入 C_{27}

4.2　数据来源与模型构建

对农地经营权抵押融资实施效果的评价是为了了解目前的执行情况，预期目标的实现情况，以及还存在哪些困境，为政府制定和完善地方乃至国家层面的农地抵押融资发展决策提供参考。所以，选择合适的评价方式至关重要。纵观国内外学者关于社会经济发展等的评价方法非常丰富，但是，最终选择的一定是与本书需要与数据可获得有关的评价方法。由于本书建立了 27 个对农地抵押融资实施效果的评价指标，样本数量较少，因此，选择德尔菲法对指标的重要性打分，然后运用层次分析法求出指标权重，结合各年统计数据运用灰色关联求出各年实施效果分值，最后给予评价和分析，为完善农地抵押融资政策和进一步提高实施效果提供依据。

4.2.1　数据来源和指标说明

本书这部分所用数据来源于 2013—2017 年的《中国金融年鉴》《黑龙江省金融运行报告》《信用社年度报告》《黑龙江省国民经济与社会发展统计公报》，黑龙江省银保监会和中国人民银行哈尔滨支行的内部统计数据的统计公报及数据。之所以选择这个时间段，是因为 2008 年黑龙江省农地经营权抵押融资确立并实施，但是由于各个部门没有单独统计数据，而且试点地区比较少，数据资料无法获得，自 2013 年国家确认了农地经营权可以抵押的流转方式后，供需主体积极参与农地经营权抵押融资，农地经营权抵押融资也开始作为独立的涉农贷款项目进行统计。

由于农户的满意度包含的三级指标是定性指标，无法通过一次调研获得 2013—2017 年的连续数据，无法用定量表示。因此，在农地经营权抵押融资实施效果评价指标体系中将其剔除掉，其余指标不变。具体的指标取值与说明如下。

融资响应率 C_4，用农户融资响应户数占总户数的比重表示，单位：%。

续融率 C_5，是农户连续融资的比例，即续贷率＝连续两年融资户数/前一年融资户数，单位：%，（融资期限主要指一年）。

响应地区数量 C_6，是指获得农地抵押融资的地区个数，单位：个。

农民收入 C_7，通过农村居民人均可支配收入指标反映，单位：元。

农民消费 C_8，通过农村居民消费支出指标反映，单位：元。

家庭固定资产：C_9，通过农户人均储蓄指标反映，即农户人均储蓄＝城乡居民储蓄余额/农村人口总数，单位：元。

区域覆盖率 C_{10}，是指实际融资区域与总融资区域的比值，单位：%。

贷款发放增长率 C_{11}，即贷款发放增长率＝(本期贷款发放额－上期贷款发放额)/上期贷款发放额×100%(一期指一年)，单位：%。

经营机构数量 C_{12}，即开展农地经营权抵押融资业务的机构数量，单位：个。

申贷时效 C_{13}，即农户申请融资提交到金融机构放贷共经历的天数，单位：天。

贷款利率 C_{14}，是指依据中国人民银行短期贷款基准利率，以及当地政策农地抵押业务上浮不超过50%的规定，由于各个银行贷款利率不同，而信用社开展此项业务量大。因此，按照信用社农地抵押贷款利率计算，单位：‰。

抵押物处置及时性 C_{15}，是指发生农户违约后金融机构处置抵押物天数，该数据通过对金融机构的调研获得，单位：天。

融资利润率 C_{16}，通过对黑龙江省银行的调研获知，目前用于核算经营情况的农地抵押融资利润是用总业务的利润来替代的。同时，黑龙江的农地抵押贷款额度75%以上的农地抵押贷款由农村信用社承担，因此用信用社的涉农贷款资产利润率来表示，单位：‰。

不良贷款率 C_{17}，是金融机构稳健经营的重要保障，本书通过中国人民银行哈尔滨支行和银保监会内部资料整理所得，单位：%。

融资发放量 C_{18}，表明对支农扶农和普惠金融的支持程度，单位：万元。

融资覆盖率 C_{19}，计算公式：融资覆盖率＝农地贷款发放额/发放地区个数，单位：%。

贷款规模 C_{20}，计算公式：农地抵押贷款规模＝(全省农地贷款余额/第一产业总产值)×100%，单位：%。

贷款结构 C_{21}，计算公式：农地抵押贷款结构＝(全省农地贷款余额/涉农贷款)×100%，单位：%。

农民收入增长率 C_{22}，即本年农民纯收入减去上一年农民纯收入的差再除以上一年农民纯收入，单位：%。

农业产出 C_{23}，指一定期间内，农产品的总产出，本书用地区农林牧渔总产值来表示农业产出情况，单位：亿元。

第一产业产值占比 C_{24}，用第一产业产值占地区生产总值的比重表示，单位：%。

新医疗参合率 C_{25}，指参合人数占农村总人口的比重，计算公式：新医疗参合率＝(参合人数/农村总人口)×100%，单位：%。

农村基本养老覆盖面 C_{26}，通过农村基本养老保险参与人数来表示，单位：万人。

农业保险保费收入 C_{27}，通过农户所缴纳的保费来表示，单位：亿元。

4.2.2　模型构建

1. 德尔菲法

Delphi 方法是 20 世纪 40 年代由 Helm 和 Dark 发起的，它是对研究对象进行综合分析，找出研究对象的特点和发展规律，并根据专家的知识和经验直接或通过简单计算进行预测的背靠背的方法。在预测过程中，调查人员与专家只能匿名联系，专家对问卷进行多次质疑和评论，并反复总结和修订，形成基本一致的专家预测结果。这样预测结果不仅具有广泛的代表性，而且避免了专家意见发表不足的缺点，也避免了权威人物意见对他人意见的影响。因此，预测结果是可靠的。

2. 层次分析法（AHP）

层次分析法（analytic hierarchy process，简称 AHP），其重要优势在于可以将复杂问题的多个关联因子间采取划分的方式获取关联的有序层级，保证其一定的条理性，然后通过某些客观事情反映主观推断（每两个影响因子互相比较），研究者将本人的理解与行业专家评价建议有机地进行组合，对同一层次的每两个影响因子间进行互相比较，得到其重要性，最后变为定量分析。该方法虽然由专家组先确定了每个评价指标间的具体权重，但是考虑到该方法设计的验证，需要采用矩阵的方式把专家评判打分的数据进一步地验证其一致性，如未能经过一致性的验证，那么就由专家组再次商定权重值，只有经过一致性验证后才能进行下一项的任务。

采用层次分析法能够将定性的复杂问题变为根据定量的形势去评价具体权重值，通过计算得到的权重值可以提供给第二步的灰色关联评价法作为前提条件。通过对农地抵押融资实施效果进行评价，可以为后期推广应用作理论依据及参考。

采取层次分析法对不同方案进行评价时，一共分三步。

(1) 构建层次结构模型。首先需要对方案采取条理化、层次化的方式，建立一个有一定层次感的结构模型，将指标、要素以及方案相互之间的顺序变成最上层、中间层、最下层，据此画出结构层次图，分析评价的结果的有效性就取决于结构层次图。

（2）构造判断矩阵。 假定判定值就是下一层次的每两个影响因子间的重要值相对于上一层次影响因子的数，两个影响因子分别用 i 和 j 表示，相对权重用 a_{ij} 表示，判断矩阵是 $A=(a_{ij})_{n \times n}$，a_{ij} 的取值有很多种，这里我们可以采取专家组判断的方法，利用阿拉伯数字 $1 \sim 9$ 以及它们的倒数做标度进行判断影响因子 i 和影响因子 j 之间的轻重度从而界定判断矩阵 $A=(a_{ij})_{n \times n}$，如表 4-2 所示。对农地抵押融资实施效果进行评价分析，请行业专家进行了第 i 影响因子与第 j 影响因子的重要程度的评价判定。

表 4-2　判断矩阵标度定义

C_{ij} 赋值	含义
1	表示两个影响因子相比较，重要性一样
3	表示两个影响因子相比较，前者略重要于后者
5	表示两个影响因子相比较，前者明显重要于后者
7	表示两个影响因子相比较，前者非常重要于后者
9	表示两个影响因子相比较，前者极其重要于后者
2，4，6，8	表示相邻的中间值
倒数	那么影响因子 j 对于影响因子 i 的重要程度为影响因子 i 对于影响因子 j 的倒数

（3）层次单排序以及验证一致性。 层次单排序指的是将下一层次影响因子相对于上一层次影响因子的重要程度。其中，最为重要的作用就是获取这一判断矩阵中最大特征值以及特征向量，即可以依据此判断矩阵算得每一个影响因子的相对权重值，算出 n 个影响因子相对于上一层次的相对权重值，即 $W=(w_1，w_2，\cdots，w_n)^T$，并验证判断矩阵的一致性。权重值的计算方式有多种，例如方根法、算数平均法、特征根值法和最小二乘法等。

本章所利用的方法为方根法，以此方法可以算出权重向量 W，如下所示。

$$w_i = \frac{\left(\prod_{j=1}^{n} a_{ij}\right)^{\frac{1}{n}}}{\sum_{i=1}^{n}\left(\prod_{j=1}^{n} a_{ij}\right)^{\frac{1}{n}}} \quad i=1,2,3,\cdots,n \quad (4-1)$$

得到 $W=(w_1，w_2，\cdots，w_n)^T$，也就是权重的近似值，亦称为各个要素的相对权重。

详细计算公式如下。

① 判断矩阵 A 中各行影响因子相乘 N_i。

$$N_i = \prod_{j=1}^{n} a_{ij} \quad i = 1, 2, 3, \cdots, n \tag{4-2}$$

② 计算 N_i 的 n 次方根 $\overline{W_i}$。

$$\overline{W_i} = \sqrt[n]{N_i} \tag{4-3}$$

③ 将所得向量 $\overline{W} = [\overline{W_1}, \overline{W_2}, \cdots, \overline{W_n}]^T$ 归一化，便得到权重向量。

$$w_i = \frac{\overline{W_i}}{\sum_{j=1}^{n} \overline{W_j}} \tag{4-4}$$

则 $W = (w_1, w_2, \cdots, w_n)^T$ 即为所求的权重向量。

④ 计算判断矩阵的最大特征值 $\lambda_{\max}$。

$$\lambda_{\max} = \sum_{i=1}^{n} \frac{(AW)_i}{nW_i} \tag{4-5}$$

建立判断矩阵时，因客观情况的多样性以及评定主观问题的有限，建立的判断矩阵存在某些偏差，无法做到整体统一。通过查阅到的一些可参考的文献和赛特等人的理论分析，可以得到验证一致性的计算过程如下。

① 一次性指标 CI 的计算。

$$CI = \frac{\lambda_{\max} - n}{n - 1} \tag{4-6}$$

式中，$\lambda_{\max}$ 指的是判断矩阵的最大特征值，n 判断矩阵的阶数。

② 一次性指标 RI 的筛查，如表 4-3 所示。

表 4-3　平均随机一致性指标

n	1	2	3	4	5	6	7	8	9	10
RI	0	0	0.52	0.89	1.12	1.24	1.36	1.41	1.46	1.49

③ 一次性比例 CR 的计算。

当判断矩阵公式的阶数为 1 阶、2 阶时，一次性指标 RI 就是形式，这是由于 1 阶和 2 阶的判断矩阵始终保持一致性；而当判断矩阵公式的阶数 >2 时，其 CI 比上同一阶数的平均随机 RI 的值就是随机一致性比率，用 CR 表示。

$$CR = \frac{CI}{RI} \qquad (4-7)$$

当 $CR < 0.1$ 时，便可以判定此判断矩阵的一致性是通过的；而当 $CR \geq 0.1$ 时，此判断矩阵的一致性是不能通过的，此时需要微微调整一下判断矩阵，确保其在某种程度上能够通过一致性检验。

3. 灰色关联分析法

灰色关联分析法可以解决样本内容含糊不明晰、相对数量少的灰色系统，其核心思路是借助于系统里的各要素对系统主行为的作用来计算本系统动态发展趋势的量化评价分析方法。以下三个步骤通常用于使用灰色关联分析计算评价值。

灰色关联评判所遵循的是以下公式：

$$R = E \times W \qquad (4-8)$$

上式中 $R = [r_1, r_2, \cdots, r_m]^T$ 为 m 个被评价对象的综合评价结果向量；$W = [w_1, w_2, \cdots, w_n]^T$ 为 n 个评价指标的权重向量，且 $\sum\limits_{j=1}^{n} w_j = 1$；$E$ 是各指标的评价矩阵，即

$$E = \begin{bmatrix} \xi_1(1) & \xi_1(2) & \cdots & \xi_1(n) \\ \xi_2(1) & \xi_2(2) & \cdots & \xi_2(n) \\ \vdots & \vdots & & \vdots \\ \xi_m(1) & \xi_m(2) & \cdots & \xi_m(n) \end{bmatrix} \qquad (4-9)$$

$\xi_i(k)$ 为依照 R 计算结果来对第 k 个指标与第 k 个最优指标的关联系数排序。

① 确定最优的指标集合（F^*），设 $F^* = [j_1^*, j_2^*, \cdots, j_n^*]$，第 k 个指标的最优值是 j_k^*（$k = 1, 2, \cdots, n$）。最优值的选择，既可以选最大值，也可以选最小值，还可以选公允的评估值，但无论选择哪个值，要依据本方案中对指标的要求，遵照可行性和可靠性原则，才能确保评估结果的科学合理。

最后依据上面的选择构建最优矩阵 D

$$D = \begin{bmatrix} j_1^* & j_2^* & \cdots & j_n^* \\ j_1^1 & j_2^1 & \cdots & j_n^1 \\ \vdots & \vdots & & \vdots \\ j_1^m & j_2^m & \cdots & j_n^m \end{bmatrix} \qquad (4-10)$$

式中 j_k^i 为第 i 个方案中第 k 个指标的初始数值。

② 标准化处置指标数值。确保数值的合理、可靠，需要对量纲和数量级进行统一标准化处理。标准化处理后的数据为 $C_k^i \in (0, 1)$，这时 $D \rightarrow C$ 矩阵

$$C = \begin{bmatrix} C_1^* & C_2^* & \cdots & C_n^* \\ C_1^1 & C_2^1 & \cdots & C_n^1 \\ \vdots & \vdots & & \vdots \\ C_1^m & C_2^m & \cdots & C_n^m \end{bmatrix} \qquad (4-11)$$

③ 计算综合评价结果，根据灰色系统理论，参照数列是 $\{C^*\} = [C_1^*, C_2^*, \cdots, C_n^*]$，比较数列是 $\{C^i\} = [C_1^i, C_2^i, \cdots, C_n^i]$，那么可以计算出第 i 个方案中第 k 个指标和第 k 个最佳指标的关联系数 $\xi_i(k)$。

$$\xi_i(k) = \frac{\min_i \min_k |C_k^* - C_k^i| + \rho \max_i \max_k |C_k^* - C_k^i|}{|C_k^* - C_k^i| + \rho \max_i \max_k |C_k^* - C_k^i|} \qquad (4-12)$$

式中，$\rho \in [0, 1]$，通常取值 $\rho = 0.5$。

据 $\xi_i(k)$ 推出上面的 E，继而利用 $R = E \times W$ 计算出评价结果。

$$r_i = \sum_{k=1}^{n} W(k) \times \xi_i(k) \qquad (4-13)$$

从关联度能看出最优方案，关联度 r_i 最大，证明 $\{C^i\}$ 与最佳的 $\{C^*\}$ 最接近，那么第 i 个方案就是最佳的，继而第 i 个方案的顺序也能排列出来。

4.3　评价过程与评价结果

4.3.1　评价过程

1. 评价指标权重的计算

农地抵押融资实施效果评价指标的权重需要通过 4.2.2 中构建的模型来计算。这部分内容分为两步：第一步，运用 Delphi 请专家对各指标的重要性打分，本书请金融机构中层领导 4 人、农村金融学界专家 6 人、银保监会等工作人员 5 人、金融机构基层信贷员 3 人，对 18 位专家发放问卷，最后依据 17 份有效问卷（剔除 1 份）建立两两判断矩阵。第二步，运用 AHP 法求出每个层次的权重，进而计算一致性检验（表 4-4 至表 4-16）。

表 4 - 4　**B 层影响 A 层**

	A_1	A_2	A_3	W	CR
A_1	1	3	3	0.593 9	
A_2	1/3	1	1/2	0.157 0	0.051 4
A_3	1/3	2	1	0.240 9	
			通过检验		

资料来源：实证分析结果。

表 4 - 5　**B 层影响 A_1**

	B_1	B_2	B_3	W	CR
B_1	1	1/3	1/5	0.109 5	
B_2	3	1	1/2	0.309 0	0.003 46
B_3	5	2	1	0.581 5	
			通过检验		

资料来源：实证分析结果。

表 4 - 6　**B 层影响 A_2**

	B_4	B_5	B_6	W	CR
B_4	1	3	1/3	0.258 3	
B_5	1/3	1	1/5	0.104 7	0.037 02
B_6	3	5	1	0.637 0	
			通过检验		

资料来源：实证分析结果。

表 4 - 7　**B 层影响 A_3**

	B_7	B_8	B_9	W	CR
B_7	2	4	3	0.625 0	
B_8	1/4	2	1/2	0.136 5	0.082 5
B_9	1/3	2	1	0.235 8	
			通过检验		

资料来源：实证分析结果。

表 4 - 8   C 层影响 B_1

	C_1	C_2	C_3	W	CR
C_1	1	1/3	1/3	0.139 6	
C_2	3	1	2	0.527 8	0.051 5
C_3	3	1/2	1	0.332 5	
通过检验					

资料来源：实证分析结果。

表 4 - 9   C 层影响 B_2

	C_4	C_5	C_6	W	CR
C_4	2	3	5	0.673 8	
C_5	1/3	1/2	3	0.225 5	0.081 9
C_6	1/5	1/3	1	0.100 7	
通过检验					

资料来源：实证分析结果。

表 4 - 10   C 层影响 B_3

	C_7	C_8	C_9	W	CR
C_7	1	3	3	0.594	
C_8	1/3	1	1/2	0.157	0.051 4
C_9	1/3	2	1	0.249	
通过检验					

资料来源：实证分析结果。

表 4 - 11   C 层影响 B_4

	C_{10}	C_{11}	C_{12}	W	CR
C_{10}	1	5	1/3	0.279 7	
C_{11}	1/5	1	1/4	0.093 6	0.082 5
C_{12}	3	4	1	0.626 7	
通过检验					

资料来源：实证分析结果。

表 4 - 12 C 层影响 B_5

	C_{13}	C_{14}	C_{15}	W	CR
C_{13}	1	1/5	1/3	0.172 1	
C_{14}	5	1	3	0.604 4	0.069 7
C_{15}	3	1/3	1	0.223 5	
			通过检验		

资料来源：实证分析结果。

表 4 - 13 C 层影响 B_6

	C_{16}	C_{17}	C_{18}	W	CR
C_{16}	1	5	4	0.612 3	
C_{17}	1/5	1	3	0.243 5	0.019 25
C_{18}	1/4	1/3	1	0.144 2	
			通过检验		

资料来源：实证分析结果。

表 4 - 14 C 层影响 B_7

	C_{19}	C_{20}	C_{21}	W	CR
C_{19}	1	1/2	3	0.332 5	
C_{20}	2	1	3	0.527 8	0.051 5
C_{21}	1/3	1/3	1	0.139 6	
			通过检验		

资料来源：实证分析结果。

表 4 - 15 C 层影响 B_8

	C_{22}	C_{23}	C_{24}	W	CR
C_{20}	1	1/3	1/5	0.109 5	
C_{21}	3	1	1/2	0.309 0	0.003 46
C_{22}	5	2	1	0.581 5	
			通过检验		

资料来源：实证分析结果。

表 4-16 **C 层影响 B_9**

	C_{25}	C_{26}	C_{27}	W	CR
C_{25}	1	1/3	3	0.258 3	
C_{26}	3	1	5	0.637 0	0.370 2
C_{27}	1/3	1/5	1	0.104 7	
			通过检验		

资料来源：实证分析结果。

通过上面各层次的权重计算得数后，确定农地经营权抵押融资实施效果的各项指标的总权重（表 4-17）。

表 4-17 **农地经营权抵押融资效果评价指标权重**

一级指标	权重 W_{A_a}	二级指标	权重 W_{B_b}	权重 $W_{A_a B_b}$	三级指标	权重 W_{C_j}	权重 $W_{B_b C_j}$
A_1	0.594 0	B_1	0.065 0	0.109 5	C_1	0.009 1	0.139 6
					C_2	0.034 3	0.527 8
					C_3	0.021 6	0.332 5
		B_2	0.183 5	0.309 0	C_4	0.123 6	0.673 8
					C_5	0.041 4	0.225 5
					C_6	0.018 5	0.100 7
		B_3	0.345 4	0.581 5	C_7	0.205 2	0.594 0
					C_8	0.054 2	0.157 0
					C_9	0.086 0	0.249 0
A_2	0.165 1	B_4	0.040 6	0.258 3	C_{10}	0.011 4	0.279 7
					C_{11}	0.003 8	0.093 6
					C_{12}	0.025 4	0.627 6
		B_5	0.016 4	0.112 8	C_{13}	0.002 8	0.172 1
					C_{14}	0.009 9	0.604 4
					C_{15}	0.003 7	0.223 5
		B_6	0.100 1	0.637 0	C_{16}	0.061 3	0.612 3
					C_{17}	0.024 4	0.243 5
					C_{18}	0.014 4	0.144 2

（续）

一级指标	权重 W_{A_a}	二级指标	权重 W_{B_b}	权重 $W_{A_aB_b}$	三级指标	权重 W_{C_j}	权重 $W_{B_bC_j}$
A_3	0.240 9	B_7	0.150 6	0.625 0	C_{19}	0.050 1	0.332 5
					C_{20}	0.079 5	0.527 8
					C_{21}	0.021 0	0.139 6
		B_8	0.033 2	0.136 5	C_{22}	0.003 6	0.109 5
					C_{23}	0.010 3	0.309 0
					C_{24}	0.019 3	0.581 5
		B_9	0.056 8	0.235 8	C_{25}	0.014 7	0.258 3
					C_{26}	0.026 2	0.637 0
					C_{27}	0.005 9	0.104 7

资料来源：指标权重计算。

2. 关联系数与关联度的计算

（1）指标关联系数。 使用公式 4 - 9 中 $E=(\xi_{ij})_{m\times n}$，其中 $i=(1,2,\cdots,m)$；$j=(1,2,\cdots,n)$，且取 $\rho=0.5$，依据 4.2.1 数据来源计算出的基础数据，测算出的结果如表 4 - 18 所示。

表 4 - 18　2013—2017 年黑龙江省农地经营权抵押融资实施效果评价各指标的关联系数统计

关联系数	2013 年	2014 年	2015 年	2016 年	2017 年
ξ_{i4}	0.333 3	0.359 8	0.395 0	0.464 3	1.000 0
ξ_{i5}	1.000 0	0.586 1	0.333 3	0.825 6	0.825 6
ξ_{i6}	0.333 3	0.699 1	1.000 0	1.000 0	1.000 0
ξ_{i7}	0.333 3	0.854 1	0.636 2	0.752 9	1.000 0
ξ_{i8}	0.333 3	0.333 3	0.575 6	0.442 6	1.000 0
ξ_{i9}	0.333 3	0.347 8	0.545 2	1.000 0	0.489 7
ξ_{i10}	0.333 3	0.394 4	0.394 4	1.000 0	1.000 0
ξ_{i11}	0.400 0	1.000 0	0.666 7	0.333 3	0.342 5
ξ_{i12}	0.500 0	0.333 3	0.709 8	0.709 8	1.000 0
ξ_{i13}	1.000 0	1.000 0	0.333 3	0.333 3	0.333 3
ξ_{i14}	1.000 0	0.339 2	0.527 3	0.565 4	0.333 3
ξ_{i15}	0.333 3	0.333 3	0.333 3	0.333 3	0.333 3

（续）

关联系数	2013 年	2014 年	2015 年	2016 年	2017 年
ξ_{116}	0.366 2	1.000 0	0.360 2	0.333 3	0.343 9
ξ_{117}	0.461 5	0.508 5	0.638 3	0.333 3	1.000 0
ξ_{118}	0.333 3	0.485 8	0.642 6	0.485 0	1.000 0
ξ_{119}	0.333 3	0.372 6	1.000 0	0.511 2	0.547 9
ξ_{120}	0.333 3	0.561 1	0.457 8	0.601 4	1.000 0
ξ_{121}	0.393 0	0.484 5	0.864 9	0.333 3	1.000 0
ξ_{122}	0.333 3	0.559 1	0.360 3	0.535 7	1.000 0
ξ_{123}	1.000 0	0.669 2	0.333 3	0.808 2	0.598 1
ξ_{124}	0.333 3	0.360 0	0.583 5	1.000 0	0.813 8
ξ_{125}	0.333 3	0.713 2	0.793 8	0.892 2	1.000 0
ξ_{126}	0.333 3	0.554 9	0.661 5	0.809 7	1.000 0
ξ_{127}	0.853 2	0.333 3	0.970 1	0.985 9	1.000 0

资料来源：灰色关联计算。

（2）指标关联度。 依据公式 4-11、上面计算出 ξ_{ij} 和 4.3.1 中 C 层的指标权重 W_{c_j}，计算所得如表 4-19 所示的 C 层关联度 R_{C_j}。

表 4-19　2013—2017 年黑龙江省农地经营权抵押融资实施效果评价 C 层关联度

关联度	2013 年	2014 年	2015 年	2016 年	2017 年
R_{C4}	0.041 2	0.044 5	0.048 8	0.057 4	0.123 6
R_{C5}	0.041 4	0.024 3	0.013 8	0.034 2	0.034 2
R_{C6}	0.006 2	0.012 9	0.018 5	0.018 5	0.018 5
R_{C7}	0.068 4	0.175 3	0.130 5	0.154 5	0.205 2
R_{C8}	0.018 1	0.018 1	0.031 2	0.024 0	0.054 2
R_{C9}	0.028 7	0.029 9	0.046 9	0.086 0	0.042 1
R_{C10}	0.003 8	0.004 5	0.004 5	0.011 4	0.011 4
R_{C11}	0.001 5	0.003 8	0.002 5	0.001 3	0.001 3
R_{C12}	0.012 7	0.008 5	0.018 0	0.018 0	0.025 4
R_{C3}	0.002 8	0.002 8	0.000 9	0.000 9	0.000 9
R_{C14}	0.009 9	0.003 4	0.005 2	0.005 6	0.003 3
R_{C15}	0.001 2	0.001 2	0.001 2	0.001 2	0.001 2

（续）

关联度	2013 年	2014 年	2015 年	2016 年	2017 年
R_{C16}	0.022 4	0.061 3	0.022 1	0.020 4	0.021 1
R_{C17}	0.011 3	0.012 4	0.015 6	0.008 1	0.024 4
R_{C18}	0.004 8	0.007 0	0.009 3	0.007 0	0.014 4
R_{C19}	0.016 7	0.019 4	0.050 1	0.024 3	0.028 0
R_{C20}	0.026 3	0.043 6	0.037 2	0.048 1	0.079 5
R_{C21}	0.008 3	0.010 2	0.018 2	0.007 0	0.021 0
R_{C22}	0.001 2	0.002 0	0.001 3	0.001 9	0.003 5
R_{C23}	0.011 1	0.005 8	0.002 9	0.009 3	0.005 2
R_{C24}	0.006 3	0.006 8	0.011 3	0.019 3	0.015 7
R_{C25}	0.004 9	0.010 8	0.012 3	0.013 4	0.014 7
R_{C26}	0.008 7	0.014 9	0.017 6	0.021 6	0.026 2
R_{C27}	0.005 1	0.002 0	0.005 7	0.005 9	0.005 9

资料来源：C 层关联度计算。

依据公式 $R_{B_b} = W_{B_b C} \times E_{B_b c_j}^T$，使用上面计算出 ξ_{ij} 和 4.3.1 中 B 层的指标权重 $W_{B_b C_j}$，计算所得如表 4-20 所示的 B 层关联度 R_{B_b}。

表 4-20　2013—2017 年黑龙江省农地经营权抵押融资实施效果评价 *B* 层关联度

关联度	2013 年	2014 年	2015 年	2016 年	2017 年
R_{B2}	0.483 6	0.445 0	0.442 0	0.599 7	0.960 7
R_{B3}	0.333 3	0.646 3	0.604 0	0.765 7	0.872 9
R_{B4}	0.444 5	0.413 1	0.618 2	0.756 4	0.939 4
R_{B5}	0.371 0	0.431 6	0.450 6	0.473 6	0.489 6
R_{B6}	0.384 7	0.806 2	0.468 6	0.355 2	0.598 3
R_{B7}	0.341 6	0.499 1	0.701 3	0.535 7	0.853 4
R_{B8}	0.539 3	0.477 3	0.481 7	0.889 9	0.767 5
R_{B9}	0.389 8	0.585 7	0.744 0	0.864 3	0.989 9

资料来源：B 层关联度计算。

依据公式 $R_{A_a} = W_{A_a B} \times R_{B_b}$，使用上面计算出 ξ_{ij} 和 4.3.1 中 A 层的指标权重 $W_{A_a B_b}$，计算所得如表 4-21 所示的 A 层关联度 R_{A_a}。

表 4 - 21　黑龙江省农地经营权抵押融资实施效果评价指标 A 层关联度

关联度	2013 年	2014 年	2015 年	2016 年	2017 年
农户（R_{A1}）	0.343 2	0.403 3	0.487 8	0.430 6	0.514 4
金融机构（R_{A2}）	0.343 2	0.451 2	0.423 2	0.375 1	0.461 4
政府（R_{A3}）	0.379 0	0.515 2	0.579 5	0.460 1	0.514 4

数据来源：指标关联度计算结果。

进一步通过求得各年黑龙江省农地经营权抵押融资效果综合关联度，即
$R_p = W_{A_a} \times R_{B_b^T} = (0.351\ 8,\ 0.438\ 1,\ 0.449\ 2,\ 0.428\ 5,\ 0.505\ 7)$。

4.3.2　评价结果分析

1. 总体效果

从 2013—2017 年的综合关联度 $R_p = (0.351\ 8，0.438\ 1，0.449\ 2，0.428\ 5，0.505\ 7)$ 来看，黑龙江省农地经营权抵押融资总体实施效果水平呈现波动上升趋势（图 4 - 1），图中曲线中有几个节点需要说明，2013 年国家确认农地抵押的流转方式后，农地抵押融资的整体效果不断上升，说明政府确定了农地经营权抵押的合理性，促进了供需主体融资的意愿和响应行为。这种上升趋势延续到 2015 年达到高值，因为 2015 年国家扩大了农地抵押融资试点的同时，黑龙江省也扩大了地区融资范围，得到了供需主体的大力响应。2016 年相对于 2015 年有下降趋势，因为虽然农地抵押融资的期限一般是 1 年、1～3 年、3 年以上，但是黑龙江省融资期限主要集中在 1 年和 1～3 年（此处在第三章基本现状中有阐述）。通过实地调研，也发现在此时出现了违约风险，因此，有了轻微下降趋势。从 2016—2017 年的变化又说明农地抵押融资业务有所回升，并有继续上升的态势。

通过这 5 年的农地抵押融资实施效果整体呈现波动式上升趋势，正是体现了农地抵押融资既提高了金融机构供给能力，也激发了农户的有效需求，还提升了地方政府的有效参与和监管等。可见，农地抵押融资的实施对三大核心利益主体起到了至关重要的作用。同时，也体现了由于三大核心利益主体的积极响应，为农地经营权抵押融资实施预期效果的实现奠定了基础，只有实施效果的上升才能保障农地经营权抵押融资业务的可持续。但是，从 2013—2017 年间的综合关联数值来看，效果评价值一直处于较低的区间内上下波动，只有 2017 年达到了 0.505 7，其余年份均低于此数值，从总体评价分数来看，农地

抵押融资还有广阔的上升可能。同时，分别从三个维度的评价值来看，政府维度的农地抵押融资效果的评价值较高，农户和金融机构维度的效果评价值偏低。因此，在第五章和第六章会针对供需主体维度的实施效果评价值不高的问题展开探讨，进一步分析农地抵押融资对供需主体行为的影响，从而找出存在的不足，充分调动各方主体的积极性，使农地抵押融资效果进一步提升。

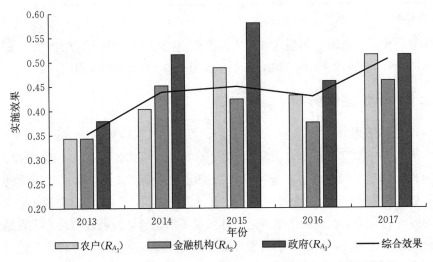

图 4-1　2013—2017 年黑龙江省农地经营权抵押融资实施效果分析

2. 三个维度效果

（1）农户维度。 通过层次分析法计算出了农户维度指标的权重是 0.594 0，是农地经营权抵押融资实施的核心点。基于对黑龙江省农地经营权抵押融资实施效果评价分析，其关联度为 $R_{A_1} =$（0.343 2，0.403 3，0.487 8，0.430 6，0.514 4），说明在 2013—2017 年间农地抵押融资业务的开展，农户总体参与响应此业务呈现在较低区间内波动上升趋势（图 4-2），可见基于农户维度的农地抵押融资效果不高，分析其原因在于：第一，由于农户对农地经营权抵押融资政策的内容不够了解，其害怕由于自然等原因带来的风险导致其失去赖以生存的土地，往往一部分农户对此业务存在望而却步的态度。第二，调研中发现农户的规模化生产低，抑制了其对农地经营权抵押融资的有效需求。第三，融资的运行模式没有实现需求拉动的方式，也制约了业务实施效果。第四，政府和金融机构对此政策的宣传力度不够，制约了农户参与的热情。因此，还有待于进一步刺激其融资响应行为，进而提升农地抵押融资实施效果。

　　基于农户维度的 B 层评价数值来看，首先，农户响应行为呈现上升趋势，然而上升幅度不高。说明伴随国家对农地抵押融资的政策支持，黑龙江省政府积极配合、大力推进，目前 64 个市县已经实现业务全覆盖，农户的融资意识不断提高，融资响应率和续融率不断上升，但是上升幅度并不高，在调研中发现是由于其生产规模偏低、对农地经营权抵押融资认知了解制约以及害怕因风险无法偿还贷款而失去土地、法律法规的不完善等原因影响着其响应行为。其次，农户的家庭福利变化指标的关联度呈现稳步上升趋势，说明农户对农地抵押融资的参与，使其获得了农业生产生活所需资金，资金的满足有利于扩大生产规模，进而提高收入水平，也促进了消费和家庭固定资产的增加。可见，收入上的提高和消费上的满足，都能体现出农地抵押融资对农户的惠农效果。再次，通过实地调研可知，农户对农地抵押融资的了解、认知以及满意程度也会影响到实施的效果。应该不断加强对农地抵押融资的宣传和完善力度，健全保障设施，激发农户融资响应行为，实现农地经营权抵押融资效果的改善。

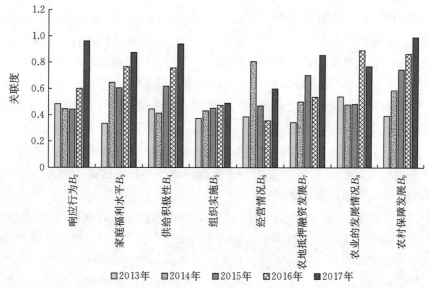

图 4-2　2013—2017 年黑龙江省农地抵押融资实施效果评价 B 层指标关联度

　　(2) 金融机构维度。 金融机构是农地经营权抵押融资的供给主体，金融机构维度在整个效果评价指标体系中所占的比重为 0.165 1，基于对黑龙江省农地经营权抵押融资实施效果评价分析，其关联度 $R_{A_2}=$（0.343 2，0.451 2，0.423 2，0.375 1，0.461 4），说明在 2013—2017 年间农地抵押融资业务的开展，金融机构供给响应此业务呈现在低于 0.5 的区间内波动上升，可见，基于金融机构维度的农地抵押融资效果较低，如图 4-3 所示。分析其原因在于：一方面是因为农地经营权抵押融资的有效抵押物——农地经营权这一特殊的抵押品，在相关法律法规不健全的情况下，金融机构经营出现观望现象严重，将影响业务正常开展。另一方面则是由于金融机构的农地经营权抵押贷款在农地抵押融资实施以后虽然快速增长，然而风险补偿机制不匹配、组织实施力度不够、配套设施没有跟上农地抵押融资的发展。同时，供需主体由于信息的不对称，信用风险发生概率高，使得金融机构经营成本增加，进而经营面临危机。综上所述，这两方面是致使基于金融机构来评价农地抵押融资实施效果评分较低的原因。

基于金融机构维度的 B 层评价数值来看，金融机构供给积极性和组织实施指标评价数值呈现缓慢上升趋势，从评价值可知，各年均保持平稳，主要原因为：一是从 2015 年开始农地经营权抵押贷款试点扩展全省各个地区。二是金融机构的产品设计不断完善，其中利率不断下调，比如信用社是承担农地经营权抵押贷款的主要机构之一，2014—2018 年，其利率分别是 10.08‰、9.30‰、8.75‰、8.45‰、7.45‰。申贷期限不断缩短，信用社目前最长放款期限为 5 天，提高了服务质量和放贷时效。金融机构经营情况对金融机构的影响权重 0.627 0，说明该指标对金融机构维度的效果的重要性，然而经营情况的管理数值在较低区间内波动很大，究其原因是由于黑龙江省在此阶段农地经营权抵押融资农户违约情况较多，且目前农户违约后农地处置问题没有得到改善。就目前实际情况，信用社处理农地经营权抵押融资农户违约的办法是在贷款利息的基础上上调 50%，这并不是处置的最佳办法，这些问题在一定程度上影响金融机构的经营水平。

(3) 政府维度。 政府作为农地经营权抵押融资的制定者和执行者，政府维度在总体效果评价指标体系中所占的比重为 0.240 9，基于对黑龙江省农地经营权抵押融资实施效果评价分析，其关联度 $R_{A_3}=(0.379\ 0, 0.515\ 2, 0.579\ 5, 0.460\ 1, 0.514\ 4)$，说明在 2013—2017 年随着农地抵押融资业务的开展，政府维度的评价数值整体呈上升趋势。而且农村社会保障、农地抵押融资以及农业三个维度的分值分别呈现较大的波动上升态势。可见，农地抵押融资作用非常大，尤其是农地抵押融资的规模、结构、融资覆盖发展的趋势良好。通过上面的关联度可知，政府维度效果评价数值在 2015 年得分达到了最高值 0.579 5，究其原因是这一年试点扩大为全国各地，黑龙江省各个市县几乎全部加入农地

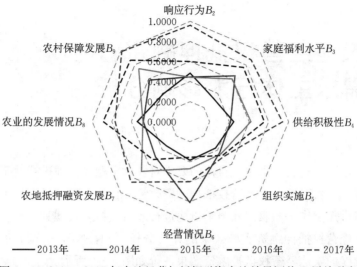

图 4-3　2013—2017 年农地经营权抵押融资实施效果评价 B 层关联度

抵押融资试点，农地抵押融资政策对农户融资扩大生产具有拉动效应。2013—
2017 年政府维度关联度分值逐年提高，一方面得益于国家出台的推动农地经
营权抵押贷款发展的有力措施，另一方面得益于黑龙江省对农地经营权抵押贷
款的不断探索，扩大融资区域、申贷期限、贷款利率等产品设计上都进行了
调整。

　　综上所述，纵观三个维度的农地抵押融资实施效果评估值，得出政府维度
的三个指标总体上升幅度很大，而农户和金融机构维度的指标也呈波动式上升
趋势，但是指标值都维持在 0.5 以下。然而供需主体作为农地抵押融资过程中
的核心主体，其行为直接影响效果的实现。为此，深入探究基于供需主体维度
的农地抵押融资实施效果偏低问题非常必要和急切。

5 | 农地经营权抵押融资对 需求主体行为影响分析

政府依据"支农、惠农"目标的要求对农村金融和土地进行改革创新,出台了调节"三农"的农地经营权抵押融资政策。目前,农地经营权抵押融资主要通过对供需主体——农户和金融机构进行政策支持来实现其预期。通过第四章对农地经营权抵押融资实施效果的评价分析可知,2013—2017年,基于需求主体维度的农地经营权抵押融资效果评价如图5-1所示。

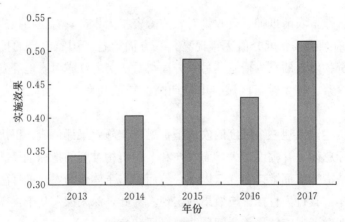

图 5-1　2013—2017 年需求主体维度的农地经营权抵押融资实施效果评价

通过需求主体维度评价农地经营权抵押融资实施效果情况可知,基于需求主体的效果评价值只有 2017 年达到了 0.5,其余年份都在较低区间内波动上升。那么,有必要分析农地经营权抵押融资对需求主体行为带来了哪些影响、影响程度如何,进而从需求维度找出影响农地抵押融资实施效果提升的制约因素,为提出效果提升策略提供依据。

据此,本章以需求主体——农户为研究对象,在农户对农地抵押融资认知的基础上,基于"意愿—响应—违约"的框架分析农地抵押融资的实施对需求主体（农户）行为带来的影响。首先，针对试点农户的调查，应用 Logit 实证分析农地抵押融资对农户融资意愿的影响。其次，针对试点已融资农户的调查，应用 Probit 实证分析农地抵押融资对农户响应行为的影响。再次，针对农地经营权抵押融资中可能存在的潜在和现实违约行为，找出其影响因素，并通过实证检验，为农地抵押融资效果的提升提供依据。

5.1 农户对农地经营权抵押融资的认知

基于行为理论视角探讨农户认知，是指农户对外界事物的主观感觉，其是行为意向以及行为响应的先决条件。所以，本书认为，在研究农地抵押融资对农户行为影响之前有必要分析农户对其的认知情况。

1. 数据来源与样本描述

数据来源于 2018 年 4—10 月对黑龙江省农地经营权抵押融资试点实施情况开展的调查。为获得全面有针对性的调研结果，本书选择了黑龙江省 7 个地市，即哈尔滨、齐齐哈尔、牡丹江、佳木斯、双鸭山、绥化、鹤岗下辖的 12 个县（区）的 16 个乡镇进行调研（表 5-1）。为了保证调研结果的有效性，本书采取入户调查和集体访问的方式来尽量规避被访问者对问题理解的偏差和回答信息的偏误。

本次调研问卷发放数量为 1 100 份，回收的有效问卷共 923 份，占总发放量的 83.9%，其中有 618 户是有农地抵押融资意愿的农户，305 户是还没有意愿的农户。

问卷中设置的问题主要参照现有成熟问卷的基础上，根据文中研究需要对内容进行了重新梳理和增减，题型包括两种类型，即选择题和填空题，见"附录 1"。

表 5-1 调研地区统计

市	县（市、区）	乡（镇）	样本户
哈尔滨	方正	天门	51
		松南	49
	呼兰	白奎	56
绥化	肇东	五站	63
		海城	48
	兰西	红光	53

（续）

市	县（市、区）	乡（镇）	样本户
双鸭山	宝清	尖山子	61
		七星河	53
鹤岗	绥滨	永河	61
齐齐哈尔	克山	北兴	65
		西城	63
佳木斯	富裕	富路	58
	富锦	向阳川	66
	桦川	苏家店	61
		创业	53
牡丹江	宁安	马河	62

资料来源：调查问卷统计。

2. 样本农户认知情况

农地经营权抵押融资是政府出台的一项扶持"三农"的政策，农户作为该政策的目标群体及直接受益者，其对农地经营权抵押融资相关内容的了解情况，直接影响其对农地抵押融资政策的理解程度，从而影响农户做出理性的判断和科学的决策。因此，农户对政策的认知，一方面能够帮助农户采取合理的方法规避风险，另一方面能够帮助农户提高融资意愿和响应行为。

（1）农户对农地经营权抵押融资总体认知。第一，农户对农地经营权抵押融资的总体认知情况。如表 5-2 所示，在被调查的 923 户农户中，有 179 户农户（占比 19.39%）认为对农地抵押融资的目标"不了解"，282 户农户（占比 30.55%）认为对农地抵押融资的目标了解"一般"，有 392 户农户（占比 42.47%）表示"了解"，70 户农户（占比 7.58%）表示"比较了解"。从调研情况来看，调研地区农户对农地经营权抵押融资目标有一定认知的占半数以上，说明调研区的农户对农地经营权抵押融资有一定的认知度，但是仍存在根本不知道农地抵押融资的农户。关于农地经营权抵押融资信息传播途径上（图 5-2），选项排序分别为：有 35 人选择从报纸和书中了解，366 人选择了从广播和电视中了解，有 404 人是从朋友或者熟人处了解，选择途径最多的有 528 人认为是村委会等基层政府处了解。可见，农户对农地经营权抵押融资了解的途径最为明显突出的是基层政府的宣传力度。根据农地抵押融资从确立到发展期的 10 年间，还有 19.43％的农户完全不了解，说明政府的宣传工作还有待于提高。

表 5-2 农户对农地经营权抵押融资政策总体认知

项目	户数（户）	比例（％）
抵押融资目标		
不了解	179	19.39
一般	282	30.55
了解	392	42.47
比较了解	70	7.58
抵押融资内容		
完全不了解	131	14.19
不了解	377	40.85
一般	216	23.40
了解	147	15.93
完全了解	52	5.63

资料来源：调研问卷统计。

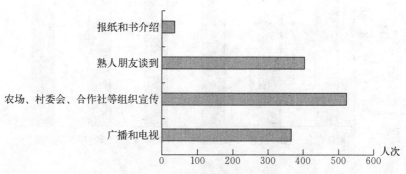

图 5-2 农户农地抵押融资相关信息的获得途径

第二，农户对农地抵押融资政策具体内容的认知程度。作为国家支农惠农存在潜在风险的创新政策，政府会设置一定的风险补偿基金。同时，其是一种金融产品，具有一般金融产品的性质和条款。农户对农地经营权抵押融资风险补偿基金、贷款流程和具体合同条款等具体问题的认知和了解，能够充分体现农户对其整体的认知情况。因此，本书针对农地抵押融资财政贴息、贷款流程、贷款金融、贷款期限、贷款利率、违约处罚五个方面来分析农户对农地经营权抵押融资具体内容的认知情况。

第三，依据调研数据统计可知，923 户农户中，占比 94.34％的农户表示不了解农地抵押融资政府给予的补贴，表示农户对农地抵押融资的惠农政策认知存在很大的不足，说明政府和金融机构等对其宣传严重不到位。在农地抵押融资实施中，农户对融资内容认知程度也存在很大的不足（图 5 - 3），其中，占比 31.56％的农户认为对融资流程了解，表明所进行调研的区域内，大部分农户对融资流程的认知程度不高；占比 50％以上的农户对融资期限和融资利率不知道具体数值；特别值得关注的是竟然有占比 34.72％的农户对违约后失地的风险表示不知道；但是有占比 65.28％的农户对融资金融还是很在意的，表明农户最为关心的问题还是能获得多少融资信贷用于农业生产，并且对其的认知程度相对较高，但是还有大约三分之一的调研农户不了解，这些固然和农户自身的很多因素有关，但是受到政府和金融机构等的宣传力度影响还是很大的。

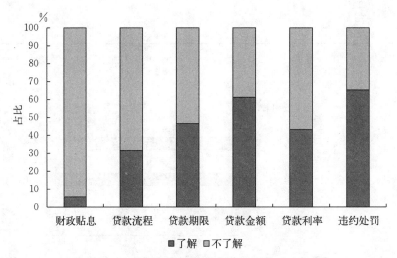

图 5 - 3　农户对农地经营权抵押融资具体内容的认知

（2）农户对农地经营权抵押融资满意度评价。我国农地经营权抵押融资的目标是通过农地有效抵押物来缓解农户的有效需求和提高金融机构的有效供给，以激活农村"沉睡的资源"，用农地经营权到金融机构抵押获得农业生产所需资金，继而提高农户收入和扩大生产决策行为。所以，基于目标群体（农户）的角度来研究其对农地抵押融资的满意程度能够真实反映农地经营权抵押融资的实施状况，是农地经营权抵押融资实施效果评价的重要内容，同时也是其可持续发展的重要因素。从抵押融资意愿、生产积极性、对其预期几方面进行评价。

如表5-3所示，依据923户农户对"农地抵押融资总体满意度"的调研数据可知，满意程度的排序为：占比33.59%的农户表示"一般"；占比26.44%的农户表示"不满意"，占比17.66%的农户表示"很不满意"；占比15.60%的农户表示"满意"；占比6.72%的农户表示"很满意"。以上数据足以说明，被调研的农户对农地抵押融资总体满意度不高。农户对农地抵押融资能否激发融资意愿的问题，认为"满意"和"很满意"的农户占比为35.43%；表示"一般"的农户占比为42.80%；表示"不满意"的农户占比为14.19%；表示"很不满意"的农户占比为7.58%。对这部分农户进一步座谈探究发现，他们对农地抵押融资总体不满意，继而对可能存在的风险过于恐慌，认为供给机构不愿发放农地抵押贷款，而且目前的农地抵押融资产品设计不符合农户的需要。对于农地抵押融资能否促进农户融资响应行为进而提高生产积极性的问题，表示"满意"和"很满意"的农户占比为19.39%。从此调研数据可知，在现行农地抵押融资的政策框架下，推行的农地抵押融资业务对农户响应融资扩大生产的决策影响不显著，可见农户没有积极响应融资。农户对农地抵押融资未来预期的问题，表示对政策"满意"和"很满意"进而对未来预期看好的农户占比为46.80%；表示"一般"的农户占比34.67%。从此数据可知，尽管农户对农地抵押融资具体内容认知程度不高、农户对其满意度有待增强，对其未来预期的前景还是很认同的。因此，在农地抵押融资进一步推进过程中，诸多方面还需要进一步完善，继而实现未来预期效果。

表5-3　农户对农地经营权抵押融资满意度评价

评价具体内容	总体满意度		激发融资意愿		提高生产积极性		未来预期	
	户数（户）	比例（%）	户数（户）	比例（%）	户数（户）	比例（%）	户数（户）	比例（%）
很满意	62	6.72	127	13.76	62	6.72	126	13.65
满意	144	15.60	200	21.67	117	12.68	306	33.15
一般	310	33.59	395	42.80	414	44.85	320	34.67
不满意	244	26.44	131	14.19	161	17.44	148	16.03
很不满意	163	17.66	70	7.58	169	18.31	23	2.49

资料来源：调研问卷统计。

5.2 农地经营权抵押融资对农户融资意愿的影响

5.2.1 机理分析

意愿是一种主观性想法。农户的农地抵押融资意愿，就是政府颁布推行农地抵押融资后，基于一定期间内，农户对农地抵押融资所产生的是否有融资的想法。也就是说，农户遵照政府关于农地抵押融资管理办法，在业务推进过程中，把其所拥有的农地经营权抵押给办理此业务的金融机构来获取信贷资金的想法。关于农户融资意愿的探究，既能够掌握农户对农地抵押融资的认知了解以及其信贷偏好，又能够掌握农地抵押融资的实施对有融资需求的农户信贷是否增加，继而体现基于需求主体维度的农地抵押融资的实施效果。

农户是农地抵押融资市场中的需求者，作为一个买方，其是否发生交易行为，受很多因素制约，但是其是一个理性人，首要考虑的就是成本收益问题。农地抵押融资是为了缓解农户融资约束问题，但是农户是否要用农地经营权当成抵押物向资金供给主体申请满足其生产生活所需要的资金时，必然要分析成本和收益的对比。当我们忽略农村金融机构供给约束问题时，如果融资收益比融资成本高时，通常农户会有使用农地抵押融资的形式获得贷款的意愿，如果融资收益比融资成本低时，通常农户不会有使用这种形式进行贷款的意愿。综上所述，基于成本收益理论的农户农地抵押融资意愿是能够体现农户融资积极性，进而影响融资效果的。

5.2.2 农户融资意愿的统计分析

1. 变量选择

目前，关于农户农地抵押融资意愿的影响因素研究很多。曾庆芬（2010）基于成都市的研究，实证影响农户农地抵押融资意愿的显著因素，得出性别、年龄、金融机构信贷经历和收入主要来源。于丽红等（2014）对辽宁省沈阳市法库县农户的调查，实证影响农户农地抵押融资意愿的重要因素，得出受教育情况、农地面积、家庭年收入、家庭总人口、融资利率以及对了解认知度。罗剑朝（2014）对陕西省西安市高陵区、宁夏回族自治区吴忠市同心县两地农户的调查，实证农户融资意愿的主要因素是户主性别、家庭债务以及家庭主要收入来源。林乐芬等（2015）从江苏省连云港市东海县调查，实证了规模农户融资意愿的影响因素是经济特征、区位、农地流转情况。

根据有关学者研究和实地调研资料，经过分析，本书主要选取农户融资意愿的制约因素为农户的基本特征、家庭特征、金融机构业务服务情况、农地抵押融资认知情况4类变量。

2. 样本变量统计分析

为全面了解与掌握黑龙江省农地经营权抵押融资的基本情况，笔者于2018年4—10月间选取黑龙江试点地区实地调研，数据来源和问卷发放区域和情况如表5-1和附录1所示。

(1) 样本户的基本特征。 如表5-4所示，受访的923位农户中，从农户的年龄情况看，41~60岁农户最多，其中，41~50岁农户占比为38.57%，51~60岁农户占比为24.27%，30岁以下和60岁以上的农户数量较少。从户主学历看，有407位农户（占比44.10%）学历为"初中"，有198位农户（占比21.45%）学历为"小学及以下"，占比25.79%的农户学历为"高中"，仅有80位农户（占比8.67%）学历为"大学及以上"。

表5-4 农户的基本特征

农户基本特征	数量（户）	占比（%）
户主年龄（岁）		
30以下	65	7.04
31~40	211	22.86
41~50	356	38.57
51~60	224	24.27
61以上	67	7.26
学历		
小学及以下	198	21.45
初中	407	44.10
高中	238	25.79
大学及以上	80	8.67

数据来源：调研问卷统计。

(2) 样本户的家庭特征。 如表5-5所示，受访的923户农户中，农户土地经营规模方面，大部分受访农户经营规模集中在11~40亩，占比为62.73%。农户家庭经营类型方面，纯农业收入来源的农户占比为52.83%，以农业为主兼营其他的农户占比为35.85%，以非农业为主兼营农业的农户占比为 11.27%，表明受访农户的家庭主要以纯农业收入作为家庭主要收入。农户信贷经历方面，受访农户中有信贷经历的农户占比为 75.41%，这样的数据足以说明农户信贷是农业生产经营的重要资金要素。因此，释放农户信贷约束是农村金融创新的重要课题。

表 5-5　农户的家庭特征

家庭特征	数量（户）	所占比例（%）
经营规模（亩）		
10 及以下	261	28.28
11~20	130	14.08
21~30	253	27.41
31~40	196	21.24
41 以上	83	8.99
家庭收入来源		
纯农业	488	52.87
务农为主	331	35.86
非农为主	104	11.27
信贷经历		
有	696	75.41
无	227	24.59

数据来源：调研问卷统计。

(3) 样本户居住地金融特征。如表 5-6 所示，受访农户居住地的农地抵押融资金融情况调查数据统计，首先，村庄金融机构数量的问题，有 592 位农户（占比 64.14%）认为数量"比较多"，有 245 位农户（占比 26.54%）认为"一般"，还有 86 位农户认为"比较少"，占比 9.32%。通过统计结果可知，受访农户居住地金融机构的数量在一定程度上是能满足本地农户的融资需求的。其次，农户居住地与金融机构之间交通的问题，有 614 位农户（占比 55.69%）认为"非常便利"和"便利"，有 278 位农户（占比 30.12%）认为"一般"，有 131 位农户（占比 14.19%）认为"不便利"和"非常不便利"。总的来说，农户距离金融机构的交通比较便利，贷款金融条件基本能够满足农户的需要，但仍有改善的空间。

表5-6 农户居住地金融特征

项目	数量（户）	占比（%）
村庄金融机构数量		
比较多	592	64.14
一般	245	26.54
比较少	86	9.32
村庄距金融机构交通情况		
非常便利	94	10.18
便利	420	45.50
一般	278	30.12
不便利	75	8.13
非常不便利	56	6.07

数据来源：调研问卷统计。

第二，金融机构服务情况。如表5-7所示，农地抵押融资业务设置情况调查数据统计，占比56.55%的农户认为"不合理"，包括期限、金额和利率等问题，占比43.45%的农户认为"合理"。由此可见，金融机构业务设置情况不能完全满足农户需求，有改进空间。机构风险控制水平如何问题，调查结果显示，认为控制水平"一般"的农户占比24.59%，认为"不好"的农户占比44.10%，认为"非常不好"的农户占比27.19%，认为"满意"的农户只占4.12%，由此可见，从事农地经营权抵押融资业务的金融机构风险控制水平不高，严重影响农户参与融资意愿。金融机构服务是否满意的问题，结果显示"不满意"和"非常不满意"的农户占比63.92%。可见，金融机构农地经营权抵押融资供给行为还有待于进一步改善。

表5-7 金融机构业务设置和服务情况

项目	数量（户）	占比（%）
业务设置		
合理	401	43.45
不合理	522	56.55
机构风险控制		
满意	38	4.12
一般	227	24.59

（续）

项目	数量（户）	占比（%）
不好	407	44.10
非常不好	251	27.19
金融机构服务		
非常满意	50	5.42
满意	92	9.97
一般	191	20.69
不满意	463	50.16
非常不满意	127	13.76

数据来源：调研问卷统计。

（4）农地抵押融资认知情况。自 2008 年农地经营权抵押融资首批试点开始，直到 2015 年全面扩大试点以来，农户抵押融资意愿逐渐增强。调查结果如表 5-8 所示，对农地抵押融资满意程度问题中，农户选择"不满意"和"非常不满意"的占比为 44.10%，"一般"占比为 32.61%，"满意"和"非常满意"占比为 23.29%。可见，农户对农地抵押融资不满意程度较大，有待于进一步完善。与此同时，农户是否了解抵押融资问题调查结果显示，"不了解"和"完全不了解"的农户占比 55.04%，"了解"和"完全了解"占比 21.56%。可见，应提高农户对农地抵押融资的了解程度，加大政府基层工作人员对其宣传力度，提高其认识，从而提升融资意愿。

表 5-8　农地经营权抵押融资认知情况

项目	户数（户）	比例（%）
满意程度		
非常满意	62	6.72
满意	153	16.58
一般	301	32.61
不满意	234	25.35
非常不满意	173	18.74
了解程度		
完全不了解	131	14.19

（续）

项目	户数（户）	比例（%）
不了解	377	40.85
一般	216	23.40
了解	147	15.93
完全了解	52	5.63

资料来源：调研问卷统计。

5.2.3　农户融资意愿的实证分析

1. 模型构建与变量说明

（1）模型构建。通过前面分析可知，本书提出影响农户融资意愿的指标主要有农户的基本特征、家庭特征、样本户居住地金融特征、农地抵押融资认知情况4类变量。为了验证本书提出的农户融资意愿影响因素的合理性，借助回归分析来实证，确定因变量是可以通过二值"有"与"无"来表示的农户融资意愿，自变量是前面说明的每一个影响因素，具体指标可以通过表5-9来说明。

本节研究目的是分析农户抵押融资意愿的影响因素，通常应用二值变量的回归模型主要包括 Probit、Logit 两种方法，但是 Logit 比 Probi 有清晰的解析式，在计算上更为简单和便捷，所以本书选择 Logit 对各影响因素变量进行实证检验。

模型建立
$$p_i = \frac{e^{z_i}}{1+e^{z_i}} \qquad (5-1)$$

式 $Z_i = \alpha + \beta_1 x_1 + \beta_2 x_2 + \cdots + \beta_n x_n + \mu$ 中，α 是常数项，μ 是随机扰动项，x_1，x_2，$\cdots$，x_n 为因变量，β_1，β_2，$\cdots$，β_n 为系数。p_i 是有农地抵押融资意愿的概率，$1-p_i$ 是没有农地抵押融资意愿的概率。有农地抵押融资意愿概率与没有农地抵押融资意愿概率比重为

$$\frac{p_i}{1-p_i} = e^{z_i} \qquad (5-2)$$

对此等式进行两边取对数，可得

$$\ln \frac{p_i}{1-p_i} = z_i = \alpha + \beta_1 x_1 + \beta_2 x_2 + \cdots + \beta_n x_n \qquad (5-3)$$

（2）变量选择说明。

表 5 - 9　模型变量的说明

变量类型	名称	赋值	假设	影响方向
因变量	农户融资意愿（Y）	有＝1；无＝0		
自变量	年龄（X_1）	小于等于 30 岁＝1；大于 30 岁且小于等于 40 岁＝2；大于 40 岁且小于等于 50 岁＝3；大于 50 岁且小于等于 60 岁＝4；大于 60 岁＝5	伴随年龄的变化会影响对新事物的理解、接受能力，而二者的影响呈反比，因此随年龄增长农户农地抵押融资意愿越低	－
	学历（X_2）	小学及以下＝1；初中＝2；高中＝3；大学及以上＝4	通常学历水平越高的农户对创新的接受能力越强，越会更容易通过农地抵押融资来解决信贷困难	＋
	生产规模（X_3）	41 亩以上＝5；31～40 亩＝4；21～30 亩＝3；11～20 亩＝2；10 亩及以下＝1	土地面积越大，农户生产所需资金越多，融资意愿越强烈	＋
	家庭主要收入来源（X_4）	纯农业＝3；务农为主＝2；非农为主＝1	若农户家庭的主要收入来源来自农业农户为解决生产所需资金，融资意愿越大	＋
	信贷经历（X_5）	有＝1；无＝0	有过信贷经历的农户愿意主动去了解农地经营权抵押融资，一旦有资金需求时会有融资意愿	＋
	村庄金融机构数量（X_6）	比较多＝3；一般＝2；比较少＝1	农户家庭附近的机构越多，农户更容易接收到相关信息宣传，因此抵押贷款意愿越强	＋
	村庄距金融机构交通（X_7）	非常便利＝5；便利＝4；一般＝3；不便利＝2；非常不便利＝1	农户居住地到金融机构的交通越便利越利于提高其农地抵押融资意愿	＋
	业务设置（X_8）	合理＝1；不合理＝0	金融机构农地经营权抵押融资业务设置越合理，农户抵押融资参与意愿越强	＋

（续）

变量类型	名称	赋值	假设	影响方向
	机构风险控制（X_9）	满意＝4；一般＝3；不好＝2；非常不好＝1	机构风险控制水平越高，农户对融资风险的恐慌越小，越放心用土地进行贷款	＋
	金融机构服务（X_{10}）	非常满意＝5；满意＝4；一般＝3；不满意＝2；非常不满意＝1	农户对金融机构服务越满意，越愿意进行抵押融资，从而提高融资效果	＋
	农地抵押融资满意程度（X_{11}）	非常满意＝5；满意＝4；一般＝3；不满意＝2；非常满意＝1	农户对农地抵押融资越满意，越愿意参与，意愿越强	＋
	农地抵押融资了解程度（X_{12}）	完全不了解＝1；不了解＝2；一般＝3；了解＝4；完全了解＝5	农户对政策越了解，越依赖其来缓解资金需求，其参与意愿就越明显	＋

资料来源：调研问卷。

2. 回归分析结果

运用 SPSS22.0 基于 923 个样本农户数据对模型展开归回分析（表 5－10），模型结果拟合度情况为：－2Log likelihood 是 136.126 6，Cox & Snell R^2 的数值显示是 0.369 1，Nagelkerke R^2 数值显示是 0.504 3，通过数值可知整体回归的拟合度较好。

表 5－10　模型结果

变量名称	B	S. E	Sig.
X_1	－0.321 1	0.685 3	0.242 1
X_2	0.613 1	0.819 1	0.050 4
X_3	0.400 3	0.415 2	0.041 3
X_4	0.061 1	1.004 3	0.000 9
X_5	0.612 7	1.012 5	0.001 1
X_6	0.054 2	0.903 8	0.510 7
X_7	0.275 1	0.907 8	0.432 2
X_8	0.812 3	1.217 2	0.001 3

（续）

变量名称	B	S. E	Sig.
X_9	0.241 3	0.706 7	0.011 2
X_{10}	0.034 7	1.002 8	0.001 0
X_{11}	0.811 7	1.374 4	0.000 1
X_{12}	0.824 3	1.302 5	0.000 2
C	3.234 1	0.912 3	0

资料来源：实证结果。

注：在 10%、5%、1% 上统计水平上显著。

从回归结果可知，系数是正且有显著影响的自变量分别是 X_2、X_3、X_4、X_5、X_8、X_9、X_{10}、X_{11}、X_{12}，说明户主学历、生产规模、家庭收入主要来源、贷款经历、业务设置、机构风险控制、农地抵押融资满意程度和农地抵押融资了解程度指标对农户农地抵押融资意愿具有正向影响，其中农地抵押融资满意度和农地抵押融资了解程度对农户融资意愿影响最大。因此，提高农户对农地经营权抵押融资认知度以及满意度，是有效激发农地抵押融资需求群体，吸引农户农地抵押融资意愿的重要途径，继而进一步提高农地经营权抵押融资的实施效果。具体情况说明如下。

(1) 通过显著性影响的因素。 农户户主的学历（X_2）对其参与农地经营权抵押融资的意愿具有正向影响。说明受教育程度越高的农户对农地经营权抵押融资的需求意愿越强烈。

生产规模（X_3）对其参与农地经营权抵押融资的意愿具有正向影响。说明农户的生产规模越大，对农业生产的预期收益越高，其面临资金需求越大，因此参与抵押融资意愿越强。

家庭主要收入来源（X_4）对其参与农地经营权抵押融资的意愿具有正向影响，说明农户家庭主要收入来源越是依赖于农业，其生产积极性越高，其参与农地抵押贷款的意愿越强。

信贷经历（X_5）对其参与农地经营权抵押融资的意愿具有正向影响。说明有信贷经历的农户对信贷政策更关注，也就会更积极去了解融资的相关政策，从而提高其参与融资的意愿。

业务设置（X_8）直接对农户参与农地经营权抵押融资的意愿产生影响，表明现阶段农地抵押融资的产品业务设置越合理，越能够满足农户有效需求，农户的融资意愿也就会更强烈。

机构风险控制（X_9）是影响农地经营权抵押融资参与意愿的显著因素。说明风险控制度正向影响农户融资意愿，而且风险控制制度越高，其融资意愿越积极。农地经营权抵押融资满意程度（X_{11}）对其参与融资意向具有正向影响。说明农地抵押融资越完善，农户预期融资收益和安全越能得到保障，参与意愿越强。金融机构服务是否满意（X_{10}）通过显著性检验，说明目前农户对金融机构在贷前、贷中、贷后等方面的服务不满意。

农地抵押融资了解度（X_{12}）正向影响农户抵押融资。表示农户对农地经营权抵押融资了解得越多，越能发现此业务能够有效解决农户信贷约束问题，正向影响农户融资利益的实现，所以越了解，融资意愿越为积极。

(2) 不显著性检验的因素。 户主的年龄（X_1）对农地抵押融资意愿影响不显著，这可能是农户没有因为年龄的不同而产生不一样的认知区别，所以，此因素对农户抵押融资的意愿影响不大。

当地金融机构的数量（X_6）、村庄到达金融机构交通（X_7）对其参与农地经营权抵押融资的意愿影响不显著，这可能与目前农村金融机构比较普及和交通便利有关，这也反映了黑龙江省农村金融机构供给能力的真实反映，导致这两个变量对参与意愿的影响不显著。

5.3 农地经营权抵押融资对农户响应行为的影响——基于生产决策行为实证

通过对文献和实践的调研显示，农地抵押融资对提高农户信贷可得，形成较为稳定的收益预期、增强农户农业生产规模、提高农户农业生产收入具有明显影响。赵振宇（2014）、林乐芬等（2015）研究发现，农地经营权抵押融资实施后，拓宽了金融资本投入农业的渠道，提高了农户信贷可得，激励了农户扩大生产，保障了粮食稳定。同时，惠农的保障措施和贷款业务会将原来因无法获得农业生产所需资金而放弃的农地再次耕种，进而增加农业生产的有效面积，提高农户收入，化解了农业发展中的资金困境，促进了农业发展。本节运用回归模型实证农地经营权抵押融资对农户增加生产规模的决策行为来反映农户农地抵押融资的响应行为。

5.3.1 机理分析

响应是在一定期限内用行动来支持某事件的行为。农户农地抵押融资响应是在政府颁布农地抵押融资并推进过程中，农户以农地经营权为抵押物向正规金融机构进行融资申请从而获得农业生产所需资金的行为。研究农户响应农地经营权抵押融资的行为，不仅可以获悉农户贷款可得性，也能反映农户因贷款可得是否扩大生产决策，更能够基于农户的维度来体现农地抵押融资的实施效果。

在前面基于成本收益视角分析了农户融资意愿，我们知道当农户缺少生产所需信贷时，农地抵押融资给农户带来的收益高于所付出成本时，农户是有融资意愿并会采取融资响应行为。然而这种响应行为是否能够持续下去，那么就涉及农户融资存在跨期成本收益约束问题，也就是说要探究农户在多个期间内是否为了生产而继续进行融资的抉择，主要存在以下几个方面的考虑：一是假如当期农户融资收益可以缓解因农业生产而缺少的资金，同时还没有增加生产规模的意愿时，说明此时农户的资金是能满足其基本需求的，那么，在下一期中，农户基本不会发生农地抵押融资的响应行为。二是假如当期农地融资收益还没有达到满足农业生产而不足的资金，或者有继续增加生产规模的意愿时，说明此时农户的资金需求还没有满足其需要，那么在下一期中，农户将重新考虑基于融资成本收益的视角来决定是否继续融资，这种行为将延续到资金达到饱和。所以，农户融资响应行为，既是农户家庭福利变化的晴雨表，也是农户融资信贷是否达到饱和的标志，更是农地抵押融资实施效果的表现。

具体来说，首先，农地抵押融资通过给农户提供有效抵押品而增加信贷可得的方式来支持农业生产经营。其次，通过大量释放融资信贷的方式来满足日益扩大的规模化生产。再次，通过融资信贷提高机械化农业发展。通过以上三个具体途径来实现农户信贷可行性提高，进而农业生产投入增加，从而提高经营规模，最终影响农户的盈利水平。所以，本节从农地抵押融资对农户生产规模增加的决策行为来分析农户对农地经营权抵押融资的响应行为，农户农地经营权抵押融资响应行为越积极，越能促进实施效果的提高。

5.3.2　农户响应行为的统计分析

通过农地抵押来缓解资金供需矛盾，保障农户信贷可得，保障农户生产收入稳定、提高农户生产积极性、扩大农业生产，进而实现乡村振兴，是农地抵押融资实施的目的。那么，农地经营权抵押融资是否影响了农户生产规模的扩大？本书以样本中 618 个有参与融资意愿的农户中已参与融资的 498 户农户展开进一步问卷调查，调查内容包括每个农户是否扩大了生产规模？每个农户农业收入在全部家庭收入中的占比、耕地面积、对农地抵押融资满意度、农户对农地评估价格的满意度等，共收回有效问卷 483 份。

1. 农户个体特征

如表 5-11 所示，受访的已参与农地经营权抵押融资的 483 户农户中，从被调研农户的年龄情况看，41~60 岁农户最多，其中，41~50 岁农户占比为 41.41％，51~60 岁农户占比 23.40％，30 岁及以下和 61 岁以上农户数量较少。户主学历上，有 279 位农户（占比 57.76％）学历为"初中"，有 37 位农户（占比 7.66％）学历为"小学及以下"，有占比 23.81％的农户学历为"高中"，有 52 位农户（占比 10.77％）学历为"大学及以上"。

表 5-11 农户的基本特征

农户特征	数量（户）	比例（％）
年龄（岁）		
30 及以下	39	8.07
31~40	110	22.77
41~50	200	41.41
51~60	113	23.40
61 以上	21	4.35
受教育程度		
小学及以下	37	7.66
初中	279	57.76
高中	115	23.81
大学及以上	52	10.77

数据来源：调研问卷统计。

2. 农户家庭特征

如表 5-12 所示，受访的已参与农地经营权抵押融资的 483 户农户中，农户土地经营规模方面，大部分集中在 11~40 亩，占比 68.94％。农地产权是农户参与农地经营权抵押贷款至关重要的保障，直接决定着农户用农地经营权进行抵押而获得融资的多少，所以，农户自家的农地经营权越多，越代表其能融资到的资金越多，越能增加生产规模，其对农地抵押融资的了解越积极。可以说，农户自有生产规模与其对农地融资的了解积极性之间是成正比例关系，即自有生产规模大，了解融资积极性高，更愿意贷款，也就更倾向于扩大农业生产。家庭劳动力人数方面，家庭劳动力人数为 1~2 人的农户占比为

60.46％，3～4 人的占比位 39.54％。农户农业劳动力人数是农户扩大生产规模的基础，农户农业劳动力人数越多，越有可能扩大生产规模。

表 5－12　农户的家庭特征

家庭特征	数量（户）	所占比例（%）
自有生产规模（亩）		
10 及以下	117	24.22
11～20	98	20.29
21～30	132	27.33
31～40	103	21.33
41 以上	33	6.83
家庭劳动力人数（人）		
1～2	292	60.46
3～4	191	39.54

数据来源：调研问卷统计。

3. 对农地经营权抵押融资评价

如表 5－13 所示，受访的已参与农地经营权抵押融资的 483 户农户中，从农户对农地经营权抵押融资的满意度评价来看，"不满意"及"非常不满意"的农户占比为 32.30％，"一般"的占比 35.20％，"满意"及"非常满意"的占比 32.51％。农地经营权抵押融资的实施可以缓解农户因"抵押难、贷款贵"造成的农业生产损失，稳定农户对农业生产的收入预期。从评价农地抵押融资保障度的问题上，包括农地流通市场健全程度、农地评估值是否合理、农业保险是否普及、养老保险是否健全等，农户对农地经营权抵押融资保障水平的评价中"满意"的占比为 22.77％，"一般"的占比 35.20％。农户对农作物市场价格的满意程度可能直接影响农户是否扩大生产的决策行为，对农作物的价格满意度越高，就越有可能扩大生产规模。

表 5－13　样本农户基本情况描述

评价	数量（户）	所占比例（%）
农地抵押融资满意度		
非常不满意	59	12.22
不满意	97	20.08

(续)

评价	数量（户）	所占比例（%）
一般	170	35.20
满意	104	21.53
非常满意	53	10.97
农地抵押融资保障水平		
非常不满意	32	6.63
不满意	100	20.70
一般	170	35.20
满意	110	22.77
非常满意	71	14.70
农作物市场价格		
非常不满意	37	7.66
不满意	81	16.77
一般	193	39.96
满意	126	26.09
非常满意	46	9.52
对扩大生产的收入预期		
非常低	47	9.73
低	99	20.50
一般	127	26.29
高	178	36.85
非常高	32	6.63

数据来源：调研问卷统计。

5.3.3 农户响应行为的实证分析

1. 模型构建与变量选择

（1）模型构建。通过前面分析可知，本书提出影响农户融资响应行为的指标选择主要有农户个人特征变量（户主年龄和学历）、家庭特征（自由耕地面积、农业劳动力人数）、农地抵押融资评价变量（农地抵押融资满意度、配套保障水平）、生产预期特征（农作物市场价格、收入预期）4 类变量。为了验证本书提出的农户融资响应影响因素的合理性，借助模型分析来实证，确定因变量是可以通过"是"赋值为 1，"否"赋值为 0，自变量是上面说明的每一个影响因素，具体指标可以通过表 5-14 来说明。

本节研究的目的是分析农地抵押融资农户响应行为的影响因素，通常应用的主要是 Probit 或 Logit 两种方法，至于最终选择哪一种模型，其实体现的是研究人员个人的偏好所决定（崔红志，2015）。虽然 Logit 比 Probit 的运算更为便捷，然而，Logit 比 Probit 强调不可观测因素的选项上要有明显的独立性（聂冲等，2005）。因此，本书选取 Probit 模型来研究农户响应行为——农户增加生产规模决策行为的影响因素进行实证检验。

由于本书中实际观测到的因变量在 Probit 模型里，因变量 Y 表示农户是否增加生产规模的决策行为，它是一个主观变量，而且是作为多分类离散值来界定因变量会存在很大的分歧，为此，需要一个不能直接反映的潜在变量 y_i^* 介入，建立如下的表达式

$$y_i^* = \beta_0 + \beta_1 x_1 + \beta_2 x_2 + \cdots + \beta_i x_i = X\beta + \varepsilon_i \quad (i=1, 2, \cdots, n)$$

$$(5-4)$$

公式 5-4 中是待估的参数变量 ε_i 为随机扰动项，x_1，x_2，$\cdots$，x_n 为变量，β_1，β_2，$\cdots$，β_n 为系数，y^* 为潜在变量，而观测到的农户是否增加生产规模的决策为 y。

由于本书中农户对农地抵押融资响应行为（生产规模增加）影响因素的评价，采用答案 $K=1, 2, 3, 4, 5$ 的选项，因此存在 γ_1，γ_2，γ_3，γ_4 4 个分界点。故而，可观测变量增加生产规模值 y^* 与潜在变量 y_i^* 的表达关系式为

$$y = \begin{cases} 1, & \text{如果 } y_i^* \leqslant \gamma_1 \\ 2, & \text{如果 } \gamma_1 \leqslant y_i^* \leqslant \gamma_2 \\ 3, & \text{如果 } \gamma_2 \leqslant y_i^* \leqslant \gamma_3 \\ 4, & \text{如果 } \gamma_3 \leqslant y_i^* \leqslant \gamma_4 \\ 5, & \text{如果 } y_i^* \geqslant \gamma_4 \end{cases} \quad (5-5)$$

回归方程可以设定如下

$$\ln p(y \leqslant k)/p(y \geqslant k) = \gamma_k + \sum_{i=1}^{n} \delta_i \chi_i \quad (5-6)$$

公式 5-6 中，$K=1, 2, 3, 4, 5$，Likert 量表中 X_i 表示对农户增加生产规模的影响变量，γ_k 表示截距，X_i 的回归系数是 δi，表示影响因素变量对农户增加生产规模的影响方向和程度。

（2）变量选择说明（表 5 - 14）。

表 5 - 14　变量的选取与说明

变量类型	名称	测量与赋值	假设	影响方向
因变量	农户是否增加生产规模（Y）	是=1；否=0		
自变量	年龄（X_1）	小于等于 30 岁=1；大于 30 岁且小于等于 40 岁=2；大于 40 岁且小于等于 50 岁=3；大于 50 岁且小于等于 60 岁=4；大于 60 岁=5	年龄越大对不可知的事物越会采取保守的态度，喜欢安于现状，越不愿意增加生产规模	－
	学历（X_2）	小学及以下=1；初中=2；高中=3；大专=4；本科=5	学历越高的农户对农地抵押融资理解越透彻，往往倾向于借助于融资政策来增加生产规模，提高农业收入	＋
	自有生产规模（X_3）	41 亩以上=5；31～40 亩=4；21～30 亩=3；11～20 亩=2；10 亩及以下=1	通常情况下，农户自身耕地面积越多，考虑到规模效应，并且能够获得生产所需资金，更有可能扩大生产规模	＋
	农户农业劳动力人数（X_4）	4 人=4；3 人=3；2 人=2；1 人=1；0 人=0	农户农业劳动力人数是农户扩大生产规模的基础，农户农业劳动力人数越多，越有可能扩大生产规模	＋
	农地抵押融资满意度（X_5）	很满意=5；满意=4；一般=3；不满意=2；很不满意=1	农地抵押融资可以缓解农户因"三难"带来的农业生产损失。因此，农户对农地经营权抵押融资的满意度越高越能扩大农业生产规模	＋
	农户对扩大生产的收入预期（X_6）	非常高=5；高=4；一般=3；低=2；非常低=1	假设农户为理性人，农户从事农业生产主要是追求收入最大化，通常来讲，农户对未来生产收入的预期越高越倾向扩大生产规模	＋
	农作物市场价格评价（X_7）	非常满意=5；满意=4；一般=3；不满意=2；非常不满意=1	农户对农作物价格的满意情况可能直接影响农户是否扩大生产的决策行为，对农作物的价格满意度越高，就越有可能扩大生产规模	＋
	农地抵押融资保障水平（X_8）	很高=5；高=4；一般=3；不高=2；很不高=1	保障措施越健全，保障水平越高，农户后顾之忧越小，越愿意扩大生产规模	＋

资料来源：调研问卷。

(3) 描述性统计。运用 stata11.0 基于 483 个样本农户数据展开统计分析（表 5-15）。

表 5-15 观察变量的统计

测量变量	N	极小值	极大值	均值	标准差
年龄（X_1）	483	1.000	5.000	3.12	0.938
学历（X_2）	483	1.000	5.000	2.34	0.513
自有生产规模（X_3）	483	1.000	5.000	3.17	1.096
农业劳动力人数（X_4）	483	0.000	4.000	2.09	0.650
农地抵押融资满意度（X_5）	483	1.000	5.000	2.96	0.977
对扩大生产的收入预期（X_6）	483	1.000	5.000	3.13	1.096
农作物市场价格评价（X_7）	483	1.000	5.000	2.91	0.926
农地抵押融资保障水平（X_8）	483	1.000	5.000	3.18	1.006

数据来源：描述性统计分析结果。

2. 结果分析

本书使用信度来保证农户生产规模增加与否的影响因素数据的可靠性，通常情况下，系数确保在大于 0.6 就可以接受，而如果大于 0.7 就表示所选择的数据信度较好。关于农户生产规模增加与否的决策行为样本数据得出的信度系数是 0.793，由此可知，可信度较好。关于农户生产规模增加与否的影响因素实证回归结果如表 5-16 所示。

表 5-16 模型回归结果

变量名称	系数	P 值
X_1	0.226 7	0.263
X_2	-0.263 2	0.289
X_3	-0.370 4	0.327
X_4	0.346 7	0.019
X_5	0.376 8	0.013
X_6	0.865 2	0.002
X_7	0.349 4	0.010

（续）

变量名称	系数	P 值
X_8	0.034 4	0.005
Prob	0.000 0	
LR chi2	176.25	
Pseudo R^2	0.466 0	

资料来源：实证结果。

注：系数在 10%、5%、1% 上统计水平上显著。

依据上述模型结果可知，X_4、X_5、X_6、X_7、X_8 统计显著，且系数为正，说明农户农业劳动力人数、农地抵押融资满意度、农户对扩大生产的收入预期、农作物市场价格评价、农地抵押融资水平都对农户扩大生产决策行为具有显著正向影响，但 X_1、X_2、X_3 统计不显著。说明户主年龄、户主学历、农户自有生产规模三个特征变量对农户因获得农地抵押贷款而扩大生产规模没有显著影响。

具体情况如下说明：

农户农业劳动力人数（X_4）对农户生产规模扩大的决策行为有正向显著影响。说明农户农业劳动力人数是农户扩大生产规模的基础，农户农业劳动力人数越多，越有可能扩大生产规模。

农地抵押融资满意度（X_5）对农户生产规模扩大的决策行为有正向显著影响。说明农户对农地抵押融资的满意度直接影响农户扩大生产规模，农户满意度越高，越可能扩大生产规模。

农户对扩大生产的收入预期（X_6）对农户生产规模扩大的决策行为具有正向影响。说明农户会根据对未来生产收入的预期做出是否扩大生产规模的决策。所以，农户农地抵押贷款来扩大生产的收入预期是影响农户生产决策行为的重要因素。

农作物市场价格评价（X_7）对农户生产规模扩大的决策行为具有正向影响。说明农作物价格的满意情况是直接影响农户是否扩大生产的决策行为，对农作物的价格满意度越高，就越有可能扩大生产规模。

农地抵押融资保障水平（X_8）对农户生产规模扩大的决策行为具有正向影响。说明农地流通市场越健全、农地评估值越合理、农业保险越普及、养老保险越健全，农户对农地经营权抵押融资保障水平的评价越高，越可能扩大生产规模。

综上所述，农地经营权抵押融资能够促进农户扩大生产规模，进而刺激农户积极响应此业务，从而提高农地经营权抵押融资实施效果。

5.4 农地经营权抵押融资引发的农户违约行为分析

农地经营权抵押融资实施以来，黑龙江省此业务开展有了提升，但是仍需要进一步推进。截至 2018 年底，黑龙江省农地抵押贷款余额达到 208.30 亿元，比年初增长 13.25%，虽然较之前有所增加，但较典型试点地区仍有差距；而且作为一种新兴的金融产品，农地抵押融资仍存在许多制约因素，其中风险问题就是其面临的较大障碍，其制约着农地抵押融资的开展，更影响着农地经营权抵押融资的实施效果。因此，农户违约行为带来的风险是农地经营权抵押融资实施过程中基于农户视角产生的风险，进而影响到金融风险，甚至是整个社会风险。因此有必要从政策引发的农户违约行为（信用风险）来探究其影响因素，找到农户违约行为的成因，才能规避农户违约行为进而规制农地经营权抵押融资风险，从而实现农地经营权抵押融资的效果。

5.4.1 机理分析

1. 农户违约行为界定

违约行为是指合同当事人违反合同义务的行为表现。在经济学中被称为信用风险，是由于信息不对等等因素导致的借款人违反合同规定给债权人造成经济损失的风险。在农地抵押融资过程中可能出现的违约行为是指一定期间内农户向正规金融机构以农地经营权作抵押申请贷款并获得贷款，但农户由于主观或客观原因未能按时向银行还本付息出现违反合同，从而给自身和他人带来损失的行为。

2. 农户违约行为的机理

假设：农户是追求利益最大化的理性人，而且信息是充分和确定的。那么，借助于农地经营权抵押融资风险期望效用模型来探讨农户违约行为，该模型是钱伯斯在冯·纽曼和摩根斯坦提出的期望效用模型基础上提出的，具体模型构造如下：

$$EU = \int_{R_0}^{R^0} U[R + I(R) - P - \omega x] \, dG(R, x) \qquad (5-7)$$

公式 5-7 中，x 是农户为农业生产而投入的数量，ω 为投入生产时的现价。农户总收入是 $R = py$，y 表示农业产出，y 受 x 和 $\tilde{\theta}$ 影响，其中 $\tilde{\theta}$ 是在融资后农业生产中的受到自然、市场价格等影响可能出现的风险因素，发生的概率是 $h(\tilde{\theta})$，故产量用 $y = y(x, \theta)$ 表示，θ 是 $\tilde{\theta}$ 区间内某一值。y 根据市场行情现价 $\tilde{p}$ 出售，$\tilde{p}$ 发生的概率是 $v(p)$。风险损失 $P = Q - \delta$，Q 是现实中已经发生的损失，δ 是为了弥补损失政府出台的各种财政补贴和税收优惠。Q 为实际损失，δ 为政府的补贴。$G(R, x)$ 是农业生产投入数量后农户总收入的分布情况，其中最大值和最小值是 R^0 和 R_0。

依据上述可以得出，农户违约行为取决于风险损失与农地经营权抵押融资的预期收益的大小。若农户农地经营权抵押融资带来的收益大于其风险损失，则农户违约行为发生概率小；若农地经营权抵押融资带来的收益小于风险损失，则农户违约行为发生概率大。

5.4.2　农户违约行为的影响因素分析

农户违约行为的影响因素十分复杂，根据农地抵押融资违约风险生成机理及相关研究以及实地进行调研，本书归纳出影响农户违约行为的因素主要有以下五个方面：自然环境、市场环境、农村信用环境、农户风险意识、农户财富状况。

1. 样本农户的特征

为全面了解与掌握黑龙江省农地经营权抵押融资的基本情况，笔者于 2018 年 4—10 月对黑龙江省进行问卷调查（表 5-1）。

（1）农户个人特征。如表 5-17 所示，受访的参与农地经营权抵押融资的 498 户农户中，41～50 岁的农户占比为 32.33%，相对来说是最多的；31～40 岁的农户占比为 24.70%；51～60 岁的农户占比为 20.28%，而 30 岁以下和 61 岁以上的农户数量相对较少。户主学历上，有 108 位农户（占比 21.69%）的学历是"小学及以下"，有 193 位农户（占比 38.76%）的学历是"初中"，有 144 位农户（占比 28.92%）的学历是"高中"，占比 10.64% 的农户学历是"大学及以上"。从家庭储蓄上看，有 268 位农户（占比 53.82%）家庭储蓄为 1 万～5 万元，有 58 位农户（占比 11.65%）家庭储蓄为 1 万元及以下。通过上述调查可知，受访的 498 户农户存在年龄稍大、学历普遍低、家庭储蓄不高的特征。

表 5 - 17　农户基本特征

个人特征	数量（户）	占比（%）
年龄（岁）		
30 及以下	44	8.84
31~40	123	24.70
41~50	161	32.33
51~60	101	20.28
61 以上	69	13.86
学历		
小学及以下	108	21.69
初中	193	38.76
高中	144	28.92
大学及以上	53	10.64
家庭储蓄（万元）		
10 及以上	43	8.63
6~10	129	25.90
1~5	268	53.82
1 及以下	58	11.65

数据来源：问卷统计。

（2）**农户生产经营特征**。如表 5 - 18 所示，受访的已经响应农地抵押融资行为的 498 户农户中，从生产项目角度分析，有 467 位农户（占比 93.78%）从事种植业生产，只有 31 位农户（占比 6.22%）从事养殖业。可见，调研区域的农户主要是以种植业生产为主。从生产规模角度分析，有 367 位农户（占比 73.69%）生产规模在 11~40 亩之间。可见，被调研区域的农户生产规模不大。从农业收入角度分析，有 195 位农户（占比 39.16%）收入在 2 万元及以下，有 184 位农户（占比 36.95%）收入在 3 万~5 万元，有 77 位农户（占比 15.46%）收入在 6 万~9 万元，收入超过 10 万元的农户占比为 8.43%。可见，被调研区域农户的农业收入不高。

表 5 - 18　农户农业生产特征

生产特征	数量（户）	比例（％）
生产项目		
种植业	467	93.78
养殖业	31	6.22
生产规模（亩）		
10 以下	76	15.26
11～20	85	17.07
21～30	161	32.33
31～40	121	24.30
41 及以上	55	11.04
农业生产收入（万元）		
2 及以下	195	39.16
3～5	184	36.95
6～9	77	15.46
10 及以上	42	8.43
融资用途		
农业生产	390	78.31
非农业生产	108	21.69

数据来源：调研问卷统计。

（3）配套机制情况。如表 5 - 19 所示，受访的已经响应农地抵押融资行为的 498 户农户中，从村庄与金融机构距离角度分析，认为"较远"及"很远"的农户有 71 位，占比 14.26％。可见，农户认为与金融机构的距离不是很远，也说明在国家政策的作用下，金融机构的惠农性质很突出，网点分布比较便民。从土地流转市场发达度角度分析，有 402 位农户（占比 80.72％）认为土地流转市场发达度"一般""不发达"和"很不发达"。可见，被调研区域的农地流转市场还是较不发达。从土地价值评估体系的满意度角度分析，有 254 位农户（占比 51.00％）对土地价值评估体系的评价是"不满意"和"很不满意"，有 98 位农户（占比 19.68％）的评价为"满意"和"很满意"。可见，大多数被调研的农户对土地价值评估体系不满意。在参加农业保险上，参加农业保险的农户占比 59.84％。可见，被调研区域参加农业保险的人数占多数。

表 5 - 19　农地经营权抵押融资配套机制情况

项目	数量（户）	占比（%）
村庄与金融机构距离		
很近	50	10.10
较近	150	30.12
一般	227	45.51
较远	41	8.14
很远	30	6.10
土地流转市场发达度		
很发达	33	6.66
发达	63	12.73
一般	199	39.99
不发达	150	30.04
很不发达	53	10.58
土地价值评估体系满意度		
很满意	31	6.14
满意	67	13.40
一般	146	29.33
不满意	204	41.03
很不满意	50	10.10
参加农业保险		
是	298	59.84
否	200	40.16

数据来源：调研问卷统计。

2. 农户违约行为的影响因素

通过上述分析，笔者归纳出影响农户违约行为的因素主要有以下五个方面。

（1）自然环境。 自然环境的不可控性时常引发农业生产的风险，继而带来农户信贷还款困难，甚至出现信用风险，这些是农村金融资金供给约束的重要原因。特别是近年，我国的农业生产受到自然灾害的破坏，风险发生的频率很高，造成以农地经营权作为抵押物向银行借款，到期无法按合约归还的违约行为彻底暴露了自然风险的严重程度和发生的频率高问题。依据 2010—2016 年统计数据可知，7 年间农业受灾面积总计达 19.91 亿公顷，而种植总规模是 104.95 亿公顷。可见，每年农业生产收入因自然灾害导致的损失是很大的，这也直接影响了农户用于农业生产信贷无法偿还，进而加大了农地抵押融资农户违约行为的发生概率，严重影响农地经营权抵押融资实施效果。

（2）市场环境。农产品价格变动直接影响着农户的还款能力。近年我国农产品价格波动从总体上看一直保持着较高的水平，出现过几次大的波动，当供过于求、价格下降，致使农户因对市场价格没有科学预测而带来经济损失，从而收入必然减少，对于金融机构的借款无力偿还，继而出现违约行为。首先，相对来说市价的此种变化现象，需要加强对农户的指导，帮助其进行种植预测，否则无法规避风险；其次，农村客观条件所限使得信息不对称也会加大违约发生的概率。近年，我国农产品价格频繁波动不仅让农产品生产者的收益面临不确定性，更让一部分农户因市场价格无法掌控而放弃农业生产。要改变这种情况需要政府和相关部门完善农产品市价信息公开机制，定期组织相关人员进乡和村为农户普及知识，让农户意识到信息的重要性，不断调整生产，规避信息不对称给农户带来的农业生产收入的损失，进而减少因市场价格不稳定而带来的违约行为发生的概率（表 5-20）。

表 5-20　2008—2018 年黑龙江省农产品生产价格指数变动情况

年份	第一季度	第二季度	第三季度	第四季度
2008	95.9	119.9	143.3	137.8
2009	108.9	120.7	88.6	91.9
2010	112.4	106.7	106.0	106.8
2011	120.3	121.2	124.3	108.0
2012	109.2	104.2	102.8	105.5
2013	99.6	96.9	105.0	99.7
2014	98.9	102.1	101.6	99.3
2015	101.2	98.6	101.8	94.4
2016	92.5	95.0	98.1	93.4
2017	84.0	87.6	103.1	98.9
2018	116.1	100.6	—	—

资料来源：中国统计年鉴（2008—2018）。

（3）农村信用环境。首先，信用约束机制匮乏。虽然农村征信和信用评价体系在不断完善，但不是一蹴而就的。目前，农户的信用记录更新滞后、不能和其他金融机构共享，致使出现严重的时间和空间范围的信息不对称，金融机构无法加强对信用等级低的农户的管理，也无法规避信用不良农户的道德风险。其次，对违约农户的管制不力。因为农地抵押融资法律法规不健全，致使供给机构无法依靠制裁手段约束农户违约行为来保护自有融资资金，大量不良资产的出现，给信用不良的农户带来了从众效应，引致农地抵押融资信用风险频繁发生。就目前农地抵押融资风险处置而言，尽管理论上认可，如果农户发生信用违约，金融机构可以处置农地经营权来弥补损失。然而现实上来看，现行法律没有明确规定可以任意处置，同时农地流转市场存在缺陷，使得金融机构对农地经营权的处置困难，从而加大了金融机构的损失。

（4）农户风险意识。通过黑龙江省实地调查可知，被访农户呈现年龄偏老、学历不高、参与农业生产时间长的特征，充分表现出其对农业生产主要采取经验的方式解决可能出现的问题，不愿意通过学习和接受创新来改变现状，也体现出了风险意识的淡薄。面对自然环境的不确定、市场价格的多变性以及农村信用系统的不安全性，农户对分散风险的途径不热衷，尤其是对农业保险的参与率虽然逐年上升，但是总体仍有待进一步提高，不愿参加农业保险，出现风险时，其自身承受压力增加，也加大了违约的可能。所以，应该加强农户的风险意识，加强对农业保险的宣传力度，提高其覆盖范围，减少其风险负担，降低农户违约行为发生的概率。

（5）农户财富状况。借款人的经济条件及未来发展状况影响贷款风险发生概率，对金融机构承担风险损失起到关键作用。我国农村特别是西部等经济落后地区农民收入水平较低、农业基础条件薄弱，收入不稳定。在农村大部分家庭仅依靠承包地进行生产生活，农村经济基础依然薄弱，没有承受风险和抵御风险的能力。农村家庭普遍存在固定资产少、收入不高等现状，生产生活开销大、无规划等问题严重，这样的借款人容易发生不能按时足额还款的风险。经济水平低及收入低、收入不稳定是农村借款人发生违约行为的关键因素。

除以上 5 种因素外，当地民族风俗、消费习惯、消费理念及社会环境等其他因素也会对农民借款人的违约行为产生影响。

5.4.3 农户违约行为的实证分析

1. 模型构建

本章主要分析以农村借款人用农地经营权抵押融资造成违约行为的影响因

素，本书论述的农户违约风险主要包括实际违约和潜在违约两个方面，基于两方面违约与否作为因变量来通过回归模型来实证检验包括自然环境、市场环境、农户风险意识、农村信用环境、农户财富状况等自变量，从而研究农户对农地经营权抵押融资的违约行为的影响。具体指标选取与说明见表 5-21。

本章研究目的是分析农户农地经营权抵押融资违约行为的影响因素，在二值变量的回归分析上，本节选择 Logit 模型对变量进行估计。

模型构建为

$$p_i = \frac{e^{z_i}}{1+e^{z_i}} \tag{5-8}$$

式 $Z_i = \alpha + \beta_1 x_1 + \beta_2 x_2 + \cdots + \beta_n x_n + \mu$ 中，α 是常数项，x_1，x_2，…，x_n 是因变量，β_1，β_2，…，β_n 是因变量系数，μ 为随机扰动项。p_i 是农户农地抵押融资潜在和实际违约行为发生的概率，$1-p_i$ 是农地抵押融资潜在和实际违约行为没有发生的概率。

对此等式进行两边取对数，可得

$$\ln \frac{p_i}{1-p_i} = z_i = \alpha + \beta_1 x_1 + \beta_2 x_2 + \cdots + \beta_n x_n \tag{5-9}$$

2. 变量选择

变量选择如表 5-21 所示。

表 5-21　模型变量的选取

变量类型	名称	测量方式与赋值	假设	影响方向
因变量	农户违约与否（Y）	是=1；否=0		
自变量	年龄（X₁）	小于等于 30 岁=1；大于 30 岁且小于等于 40 岁=2；大于 40 岁且小于等于 50 岁=3；大于 50 岁且小于等于 60 岁=4；大于 60 岁=5	通常情况下，年龄与风险分散之间是反向影响关系，然而，年龄与财富之间往往是正向影响关系，所以此处不易确认影响关系	?
	学历（X₂）	小学及以下=1；初中=2；高中=3；大学及以上=4	通常情况下，农户学历越高越愿意接受更多的风险分散方式	－
	与机构距离（X₃）	很近=1；较近=2；一般=3；较远=4；很远=5	离金融机构越近，越有利于机构对其贷前审核，贷后监督，规避风险	＋

（续）

变量类型	名称	测量方式与赋值	假设	影响方向
	生产规模 (X_4)	41 亩以上＝5；31～40 亩＝4；21～30 亩＝3；11～20 亩＝2；10 亩及以下＝1	通常情况下，农户生产规模越大，越愿意采取农地抵押融资来获得资金，就更为重视自身信用，违约行为发生概率相对小	－
	参加农业保险 (X_5)	是＝1；否＝0	农业保险可以承担农户因自然、市场等因素造成的部分生产损失，从而降低违约行为发生概率	－
	非农业收入 (X_6)	实际数值	非农业收入越高，表明家庭收入会增加，降低违约概率	－
	农户支出 (X_7)	实际数值	农户支出越多，相对来说会降低家庭收入，增加违约概率	＋
	家庭储蓄 (X_8)	1 万元以下＝1；1 万～5 万元＝2；5 万～10 万元＝3；10 万元以上＝4	通常农户储蓄情况直接反映了其还款能力，而还款能力又反向影响其违约行为的概率	－
	农业收入 (X_9)	2 万元以下＝1；2 万～5 万元＝2；5 万～8 万元＝3；10 万元以上＝4	农业收入越高，自然灾害和市场价格波动等影响着农业收入，而农业生产越高其还款能力越强，违约行为发生的概率越小	－
	融资用途 (X_{10})	农业生产＝1；非农业生产＝2	通常融资用于农业生产与非农业生产相比，前者违约风险相对比后者低	＋
	土地流转市场发达度 (X_{11})	很发达＝5；发达＝4；一般＝3；不发达＝2；很不发达＝1	农户对土地流转市场评价越高，越能影响土地流转，更适合规模化生产，从而收入提高，违约风险减少	－
	土地价值评估体系满意度 (X_{12})	很满意＝5；满意＝4；一般＝3；不满意＝2；很不满意＝1	农户对土地价值评估体系满意度越高，农户违约行为发生概率越低	－

资料来源：调研问卷。

3. 结果分析

如表 5-22 所示，运用 SPSS22.0 基于 498 个样本农户数据对模型展开归回分析，模型结果拟合度情况为：-2Log likelihood 是 163.742 5，Cox & Snell R^2 的数值显示是 0.458 2，Nagelkerke R^2 数值显示是 0.537 2，通过数值可知整体回归的拟合度较好。

表 5-22　模型结果

变量名称	B	S. E	Sig.
X_1	0.413 0	0.674 3	0.152 2
X_2	-0.652 1	0.732 3	0.051 1
X_3	0.381 5	0.526 1	0.122 4
X_4	-0.075 5	1.205 1	0.001 5
X_5	-0.612 7	1.172 5	0
X_6	-0.067 2	0.717 8	0.054 7
X_7	0.265 7	0.906 9	0.421 4
X_8	-0.026 2	0.700 7	0.019 0
X_9	-0.822 7	1.117 2	0
X_{10}	0.792 3	1.272 2	0
X_{11}	-0.831 7	1.132 4	0
X_{12}	-0.001 7	0.800 2	0.011 0
C	3.164 7	0.910 4	0

注：系数在 10%、5%、1%统计水平上显著。

资料来源：实证分析结果。

依据上述结果可知，对农户农地抵押融资违约行为发生有显著影响的变量为：X_2、X_4、X_5、X_6、X_8、X_9、X_{10}、X_{11}、X_{12}。

学历（X_2）显著影响农户农地抵押融资违约行为，而且表现出农户随着学历升高，违约概率反而降低。这就说明农户的学历越高，其风险意识越强，会自愿来规避风险。

土地规模（X_4）显著影响农户农地抵押融资违约行为，表明随着土地规模增加，农户的违约行为发生概率反而降低。说明通常情况下，农户土地规模越大，其越需要农地抵押融资，进而越重视这种融资方式，违约概率降低。参加农业保险（X_5）具有保障土地价值的作用，使农户少受损失，降低了来自土地价值毁损或土地流失等造成的违约行为。

非农收入（X_6）、农户支出（X_7）、储蓄水平（X_8）、农户收入（X_9）、融资用途（X_{10}）对违约行为有影响，说明随着农户收入的提高，农民的支付能力增强，违约行为发生概率降低。非农业收入越高，表明家庭收入会增加，违约概率降低。家庭储蓄越多，其还款能力越强，继而违约概率降低。农户支出越多，相对来说会降低家庭收入，违约概率上升。农户融资到的资金通常用于农业生产比用在其他消费的违约概率小。

土地流转市场发达程度（X_{11}）对农户违约行为有影响，说明农户对土地流转市场评价越高，越能影响到土地流转，更适合规模化生产，从而收入提高，违约风险降低。

土地价值评估体系满意度（X_{12}）对农户违约行为有影响，说明农户对获得贷款的金额觉得越公平，对农地抵押融资便更加认可。从自身意识上来讲，农户越愿意遵守按时还款的规则，农户违约风险越小。

综上所述，农地经营权抵押融资过程中可能引发农户的违约行为，一旦出现农户由于主客观原因无法偿还贷款，会给金融机构带来经营风险，进而减少融资供给意愿和行为，必然会降低农地经营权抵押融资实施效果。

6 农地经营权抵押融资对供给主体行为影响分析

农地经营权抵押融资的推行，离不开供需主体的支持，目前我国农地经营权抵押融资的实施有效提高了需求主体的资金可得，在一定程度上缓解了需求主体的"融资难、融资贵"问题。当然，这一切离不开农地经营权抵押融资供给主体——金融机构的有效供给，其作为资金供给最直接的执行者，主要的市场行为主体之一，一方面要执行国家或地方政府的政策，实现支农效果，另一方面要在政策目标要求范围内承担贷款期限、贷款利率、规模、抵押物等定价、资格审核和资金发放，同时进行风险控制，实现自身利益的多重任务。通过第四章对农地经营权抵押融资实施效果的评价分析可知，2013—2017 年，基于供给主体维度的农地经营权抵押融资实施效果评价如图 6-1 所示。

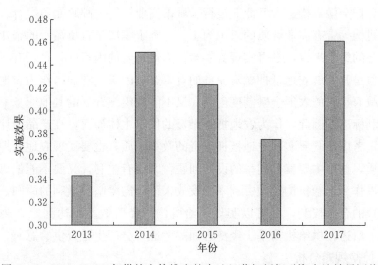

图 6-1　2013—2017 年供给主体维度的农地经营权抵押融资实施效果评价

通过供给主体维度评价农地经营权抵押融资实施的效果可知，基于供给主体的效果评价值都在 0.5 以下，分值较低，效果提升不快。那么，我们有必要分析农地经营权抵押融资的实施对供给主体行为带来了哪些影响、影响程度如何，进而从供给维度找出影响农地经营权抵押融资效果提升的制约因素，为后面效果提升策略提供依据。据此，本章以农地经营权抵押融资供给主体——金融机构为研究对象，基于"意愿—响应—违规"的框架分析农地经营权抵押融资对供给主体（金融机构）行为的影响。

6.1 农地经营权抵押融资对金融机构供给意愿的影响

农地经营权抵押融资是为解决农村有效抵押品缺失的困境，减少因农户违约而带来的金融机构经营风险，从而提升农村金融机构的供给意愿，缓解金融机构和农户贷款"双冷"现状，因此，可以说农地经营权抵押融资为金融机构供给意愿提供了动机。但是由于农地经营权抵押融资还存在法律法规不健全、配套设施不完善、交易成本高等问题又制约着金融机构开展供给意愿和行为。

6.1.1 动机分析

1. 经济分析

作为承担农地抵押融资供给任务的金融机构，从目前的承载业务量来看，以农村合作金融机构、大型商业银行、城市商业银行、邮政储蓄银行、新型农村金融机构等带有商业性质的组织为主。这类组织属于自负盈亏的企业。作为企业形态的组织来说，是否实现其供给行为最重要的因素就是是否有盈利，即经济利益是其开展农地抵押融资业务的首要影响因素。然而，作为农地抵押融资这项政府惠农的农地金融制度创新，又不能和组织开展的其他业务一样去设置其盈利标准。因此，作为农地抵押融资的供给主体而言，在产品设计方面就需要慎重考虑，既要实现农地抵押融资的政策性质，也要实现农地抵押融资的企业性质，这里主要就是利率的设计问题，既要有盈利，又要不能偏离政策目的，所以作为金融机构对融资利率的发放来说，需要坚持微利的原则，既可以保护农户的合法权利，又可以实现供给机构的经营效益，达到二者兼顾的效果。综上所述，供给机构基于经济方面的考虑，会产生融资供给意愿。

2. 风险规避分析

由于自然灾害和农产品市场价格波动而带来农业的高风险、低利润现象，农村涉农供给机构基于自身利益的考虑，其资金纷纷"逃离"农村，开始涌向城市的非农产业；同时，供给机构基于农户缺少有效抵押物的限制，在风险因素的制约下，其对申贷农户申请农业生产所需资金进行约束。虽然有部分农户可以通过审批困难、程序烦琐的小额信贷获得农业生产所需的数量有限的资金，然而这少部分的贷款不能实现其正常需要。考虑到上述原因导致的农村需求主体资金供给约束问题带来的农民收入减少和农村经济增长缓慢、农业规模化进程阻滞等问题，中央出台了农地经营权抵押融资这一创新制度，实现了农民手中拥有农地的资本价值，为农村资金供给主体经营农地抵押融资提供了政策保障：首先，肯定了农地经营权可以进行抵押的流转方式，保障了农地所有权不变的同时，让农户拥有了农地经营权这一有效抵押物进行融资的途径，既能够使资金供给主体进行放贷的风险降低，又能够使资金供给主体继续开展业务的顾虑消除。其次，在农地抵押融资实施过程中，如果出现主客观原因导致的农户无法偿还或拒绝还款的违约行为，资金供给主体有权通过处置农地经营权来减少因违约而带来的损失。综上所述，供给机构基于风险规避方面的考虑，会产生农地抵押融资的供给意愿。

3. 政策迎合分析

农村资金的供给主体——金融机构是市场行为主体之一，其发展离不开环境的制约，尤其是宏观环境之一的国家大政方针，供给主体既要接受大政方针的制约，又要实现大政方针给其带来的机遇，通常表现就是哪怕会损失一部分经济利益，也会为了长远的机遇而迎合政策，从而实现政策迎合的目标。因此，2008 年 10 月，中国人民银行确定首批农村金融产品和服务方式创新试点之后，有少量的金融机构响应国家大政方针陆续推进这一创新业务。然而，此期间的融资发放规模和结构都没有达到预期的数量。直到 2013 年国家明确了农地经营权可以用于抵押的流转方式后，各地相继出现了越来越多的金融机构响应此业务。随后，2014 年中央 1 号文件《关于全面深化农村改革加快推进农业现代化的若干意见》中明确了允许以农地经营权为抵押向金融机构融资。2015 年国家又提出 232 个试点县（市、区）并出台了《农村土地经营权抵押融资管理办法（试行）》，2016、2017、2018、2019 年的中央 1 号文件也连续推进了农地经营权抵押融资试点推进工作，各地响应此业务的机构类型和数量越来越多，这些金融机构的积极响应表现为各地融资金额大幅上升，在一定程度上实现了缓解农村需求主体对生产所需资金短缺的困扰。通过分析发现，中央的大政方针出台前后，金融机构提供农地抵押融资的供给意愿和行为反差很大，究其原因是政策带来了迎合的效应。虽然中央规定不得强行推进农地抵押融资业务，然而，作为企业性质的部分金融机构为了提高社会地位和得到政府财政支持，还是会大力发展农地抵押融资规模，彰显其为农村经济做出的社会效益，既实现了自身目的，又推进了政策实施效果。综上所述，供给机构基于迎合政策方面的考虑，会产生农地抵押融资的供给意愿。

综上所述，农地经营权抵押融资对金融机构供给意愿产生积极影响，通常情况下，供给意愿越强烈，越愿意为需求主体提供其农业生产所需资金，越愿意提供农地抵押融资业务，从而有利于实现农地经营权抵押融资实施预期效果。

6.1.2 金融机构供给意愿的统计分析

通过前面分析，农地经营权抵押融资在一定程度上影响着金融机构供给意愿。由于我国商业性金融机构在信贷方面实施的是严格的问责制度。按照制度规定，信贷员可以独立决定是否对农村需求主体发放贷款。同时，贷款是否按时归还以及是否足额归还与其工资收入息息相关。可见，信贷员作为金融机构的代表对申贷农户情况的考察以及按政策流程产生的发放贷款决策会更加慎重，因而基于金融供给方代表的信贷员意愿分析可以替代金融机构的供给意愿，所以这部分主要以信贷员的调研为主，也包括机构的少数业务经理和高层管理人员。

1. 数据来源

数据来源于 2018 年 4—9 月对黑龙江农地经营权抵押融资试点实施情况的实地调查，笔者选取哈尔滨市呼兰区、齐齐哈尔市克山县、绥化肇东市、鹤岗市绥滨县、佳木斯富锦市等营业网点作为访问机构，以信贷员作为主要访问对象。本次调研采取随机访谈和问卷发放相结合，共计发放问卷 240 份，最终有效问卷率达到 95%，此部分问卷内容具体情况见附录 2。

2. 样本统计

机构人员农地经营权抵押融资供给意愿的影响因素十分复杂，根据农地抵押融资意愿影响的相关文献和实际调研，本书选择贷款合同因素、抵押土地因素、金融环境因素、政策相关内容等为农地抵押融资供给意愿影响因素。

（1）**机构人员的个体特征。**如表 6-1 所示，受访的金融机构，从机构人员年龄上分析，有 110 位（占比 48.25%）机构人员年龄在 31～40 岁，20～30 岁、41～50 岁的机构人员分别占比 25.88% 和 24.12%。在学历上，有 203 位机构人员（占比 89.04%）学历包括中专、大专、本科和硕士研究生，只有 25 位机构人员学历（占比 10.96%）是高中及以下。从从业年限上分析，有 174 位机构人员（占比 76.32%）从业年龄在 6 年以上，其中，6～10 年的 88 人，11～15 年的 34 人，16～20 年的 24 人，21 年以上的 28 人。综上所述，被调研机构人员年龄适中，有接受新事物的意愿，学历相对较高，能更好地理解农地抵押融资政策，促进其积极响应，从业年限表明工作经验相对较多。可见，这部分接受访问的机构人员的意愿可以体现金融机构对农地抵押融资的真实想法。

表 6-1　机构人员的个体特征

个人特征	数量（人）	占比（%）
机构人员年龄（岁）		
20～30	59	25.88
31～40	110	48.25
41～50	55	24.12
51～60	4	1.75
60 以上	0	0
机构人员教育水平		
高中及以下	25	10.96
中专和大专	87	38.16
本科	111	48.68
硕士研究生	5	2.19
博士研究生	0	0
机构人员从业年限（年）		
5 以下	54	23.68
6～10	88	38.60
11～15	34	14.91
16～20	24	10.53
21 以上	28	12.28

数据来源：调研问卷统计。

（2）机构人员农地抵押融资前景和意愿特征。如表 6-2 所示，对于受访的金融机构在业务发展前景上，有 159 位机构人员（占比 69.74%）认为业务前景"好"和"非常好"；在参与意愿上，有 92 位机构人员（占比 40.35%）表示参与意向"积极"和"非常积极"。综上所述，对业务前景看好的比例高于参与意愿的比例，表明目前尽管机构人员普遍认为农户将农地经营权用于抵押向银行融资是有效缓解供需矛盾的途径，但是处于农地抵押信贷业务最前沿的信贷员的参与意愿比例较低。他们认为，农地抵押业务在具体执行过程中会遇到不小阻碍，存在较大风险，这些风险的存在会降低机构人员参与意愿。

表 6-2　对农地抵押融资业务前景和意愿看法

项目	数量（人）	占比（%）
业务前景		
非常好	37	16.23
好	122	53.51
一般	39	17.11
差	18	7.89
非常差	12	5.26
参与意向		
非常积极	44	19.30
积极	48	21.05
一般	49	21.49
消极	57	25.00
非常消极	30	13.16

数据来源：调研问卷统计。

如表 6-3 所示，将上面不愿意响应这项业务的机构人员进一步展开调研，关于不愿意的主要原因，问卷中设计 6 个多项选择，统计总数前三的选项分别是抵押物处置风险、政策依据以及抵押权评估问题。依据选项的排列，究其不愿响应的主要根源是农地承担着农户基本生活的功能比较大，尽管政府通过唤醒农村沉睡的资本，发挥其经济价值，解决农户"三难"问题，然而作为供给主体担忧违约行为出现后，农地经营权面临着处置的解决办法，从而影响农户的正常生产生活，进而导致农村金融风险，这两方面的冲突会造成机构人员办理农地抵押业务时的矛盾心态。

表 6-3　农地经营权抵押融资业务顺利开展的制约因素（多选）

因素	抵押权评估问题	抵押品处置风险	政策依据
人数（人）	75	135	128
比例（%）	32.8	59.4	56.2

资料来源：调研问卷整理。

3. 金融机构供给意愿的影响因素

在理论研究、文献回顾和实地调研的基础上，笔者总结归纳出影响机构人员供给意愿的因素主要有以下三个方面。

（1）法律法规制约。尽管我国农地抵押融资在政策上给予了明确规定，但是在立法层面上缺少其稳步推进的法律保障，所以，就目前农地抵押融资的推进受法律法规的约束，制约着金融机构的供给意愿。

现行的《中华人民共和国担保法》以及《中华人民共和国农村土地承包法》均没有认可农地抵押的合法性。同时，对涉及农地抵押的案例我国最高人民法院给出的司法解释是无效抵押。总而言之，我国现阶段的农地抵押融资的法律保障并不完善。法律的不完善会让供给主体对农地经营权的交易陷入困境，从而会引起经营风险。为此，金融机构对于农地抵押融资的开展存在着观望的态度，意愿不强烈。尽管我国颁布了一系列指导意见和政策，如历年的中央1号文件均对此予以规定，以此填充法律法规的缺陷，但是政策相较于法律法规来说，稳定性不够，如果政府不再扶持农地抵押融资的发展，那么政策文件中的一切规范和准则都将不再受到保护，现已开展的农地抵押融资供给业务的金融机构也将失去权威保障。同时，在农地抵押融资实施过程中，由于主客观原则导致农户违约行为发生时，没有法律制度的权威指导，司法也将无所适从，最终金融机构将造成经济损失。综上所述，对于金融机构来说，由于法律法规与政策的不一致，往往表现出望而却步的态度。所以说，法律法规的制约致使供给主体的供给意愿不足。

（2）交易费用制约。交易费用也称为交易成本，就是指将农地经营权用于抵押进行申请融资的过程中，在合同设定、审核、发放、监督等环节中产生的成本费用。金融机构由于信息不对称而对农户信息审核、签订合同以及后续监管、贷款回收等问题导致的交易费用增加，制约了其农地抵押融资的供给意愿。

具体而言，金融机构供给意愿受到交易费用的制约主要体现在：一是审核过程发生的费用，如对农户个人特征、土地特征及农地经营权特征等方面进行调查，来决定是否发放贷款以及发放的利率、期限、金额等。二是合同订立和后续监督过程发生的费用，尤其体现在供需主体关于农地抵押融资发生的交易频率和次数以及监督等。一般情况下，一方面，确保产品价格合理能够降低农地抵押贷款交易费用，主要是金融机构和农户之间为了保障合约顺利进行，需要确保产品价格的合理；同时，金融机构还要确保自身利益不受损失，这就需要尽量保障农户不要因道德风险发生违约行为，然而这样的产品合约设计成本是比较高的。另一方面，履约过程中的监管会影响农地抵押贷款交易费用，为了降低农户违约行为发生概率，就要做好贷中、贷后的审查和监督工作，这些工作的完成必然要发生一定的费用，而这几个环节的成本受到农地金融制度完善度、农地流转度以及农地产权交易市场健全度的影响，目前这些配套设施的不足状况都将增加交易费用。所以说，交易费用的制约会影响金融机构农地经营权抵押融资的供给意愿。

(3) 产品设计制约。 农地经营权抵押融资是一种创新产品，需要兼顾多元主体的不同利益诉求。那么如何设计出合理的利率、运行模式、降低风险的产品，对金融机构来说既是机遇又是挑战。一方面要体现出政策性，"惠农"是政府出台农地抵押融资政策的初衷，用以解决农村需求主体农业生产信贷约束的现状，所以其对产品设计时要充分体现各级政府的意愿，设计出政府满意的"惠农"产品；另一方面要体现出自身的盈利性，作为发放农地经营权抵押贷款供给主体的是市场行为主体之一，是具有企业性质的，那么必然要求有获利，这也是供给意愿产生、供给行为持续下去的重要保障。因此，在政策性和盈利性双重目标的要求下，金融机构设计出一款满足多方主体需求的产品是一个极富挑战的课题。为此，金融机构也会产生观望倾向。所以说，基于实现政策既定目标的情况下，农地经营权抵押融资产品设计将会制约金融机构的供给意愿。

6.1.3　金融机构供给意愿的实证分析

1. 模型构建

本节研究的目的是分析农地抵押融资金融机构供给意愿的影响因素，将意愿看成是有序的离散变量，通常应用的是 Probit 或 Logistic 两种方法来分析，而影响因素变量设置成 5 个选项的有序变量。因此，本书选取 Probit 模型来对金融机构人员对农地抵押融资供给意愿的影响因素进行实证检验。

由于本书中实际观测到的因变量在 Probit 模型里，因变量 Y 表示金融机构是否有供给意愿，它是一个主观变量，而且是作为多分类离散值来界定因变量会存在很大的分歧，为此，需要一个不能直接反映的潜在变量 y_i^* 介入，建立如下的表达式：

$$y_i^* = \beta_0 + \beta_1 x_1 + \beta_2 x_2 + \cdots + \beta_i x_i = X\beta + \varepsilon_i \quad (i=1,\ 2,\ \cdots,\ n)$$

$$(6-1)$$

公式6-1中是待估的参数变量，μ_i为随机扰动项，x_1，x_2，…，x_n为变量，β_1，β_2，…，β_n为系数，y^*为潜在变量，而观测到的金融机构是否有融资供给意愿为y。

由于本书中对金融机构农地抵押融资供给意愿影响因素的评价，采用$K=1$，2，3，4，5的答案选项，因此存在γ_1，γ_2，γ_3，γ_4四个分界点。故而，可观测变量有供给意愿增加值y^*与潜在变量y_i^*的表达关系式

$$y=\begin{cases}1, & \text{如果 } y_i^* \leqslant \gamma_1 \\ 2, & \text{如果 } \gamma_1 \leqslant y_i^* \leqslant \gamma_2 \\ 3, & \text{如果 } \gamma_2 \leqslant y_i^* \leqslant \gamma_3 \\ 4, & \text{如果 } \gamma_3 \leqslant y_i^* \leqslant \gamma_4 \\ 5, & \text{如果 } y_i^* \geqslant \gamma_4 \end{cases} \qquad (6-2)$$

回归方程可以设定如下

$$\ln p(y \leqslant k)/p(y \geqslant k) = \gamma_k + \sum_{i=1}^{n} \delta_i \chi_i \qquad (6-3)$$

公式6-3中，$K=1$，2，3，4，5，Likert量表中X_i表示对金融机构融资意愿的影响变量，γ_k表示截距，X_i的回归系数是δi，表示影响因素变量对金融机构供给意愿的影响方向和程度。

2. 变量选择

通过前面分析可知，本书提出影响金融机构供给意愿的指标选择主要有机构人员特征变量（学历和从业年限）、抵押农地情况（评估值情况、违约处置地情况、处置后偿还违约情况）、机构特征变量（办理手续、操作流程）、政策相关情况（法律法规、政策预期）5类变量。为了验证本书提出的金融机构供给意愿影响因素的合理性，借助于模型分析来实证，确定因变量是可以通过"是"赋值为1，"否"赋值为0来表示，自变量是上面说明的每一个影响因素，具体指标如表6-4所示。

表6-4　模型变量的选取与说明

变量类型	名称	测量方法与赋值	影响方向
因变量	金融机构农地抵押融资供给意愿（Y）	是=1；否=0	
自变量	学历（X_1）	高中及以下=1；中专和大专=2；本科=3；硕士研究生=4；博士=5	+/-

（续）

变量 类型	名称	测量方法与赋值	影响 方向
	从业年限（X_2）	5 年及以下＝1；6～10 年＝2；11～15 年＝3；16～20 年＝4；21 年以上＝5	＋/－
	评估农地难易（X_3）	很难＝1；难＝2；一般＝3；不难＝4； 很不难＝5	＋
	违约处置地难易（X_4）	很难＝1；难＝2；一般＝3；不难＝4； 很不难＝5	＋
	处置后偿还违约程度（X_5）	很低＝1；低＝2；一般＝3；不低＝4； 很不低＝5	＋
	政策预期（X_6）	很不好＝1；不好＝2；一般＝3；好＝ 4；很好＝5	＋
	办理手续（X_7）	很不简单＝1；不简单＝2；一般＝3； 简单＝4；很简单＝5	＋
	操作流程（X_8）	很不规范＝1；不规范＝2；一般＝3； 规范＝4；很规范＝5	＋
	法律法规健全度（X_9）	非常缺乏＝1；缺乏＝2；一般＝3；健 全＝4；非常健全＝5	＋

资料来源：调研问卷。

3. 结果分析

本书使用信度指数来保证金融机构农地抵押融资供给意愿的影响因素数据的可靠性，通常情况下，系数确保在大于 0.6 就可以接受，而如果大于 0.7 就表示所选择的数据信度较好。关于机构供给意愿样本数据得出的信度系数是 0.731，由此可知，可信度较好。关于机构融资意愿的影响因素实证回归结果如表 6－5 所示。

表 6－5　模型回归结果

变量名称	系数	P 值
X_1	0.226 7	0.263
X_2	0.263 2	0.008
X_3	0.370 4	0.093

（续）

变量名称	系数	P 值
X_4	0.346 7	0.019
X_5	0.376 8	0.013
X_6	0.865 2	0.051
X_7	0.349 4	0.010
X_8	0.034 4	0.842
X_9	0.710 7	0.016
Prob	0.000 0	
LR chi2	156.25	
Pseudo R^2	0.387 0	

资料来源：实证分析结果。

注：系数在 10％、5％、1％上统计水平上显著。

依据上述模型结果可知，X_2、X_3、X_4、X_5、X_6、X_7、X_9 统计显著，且系数为正，但 X_1、X_8 统计不显著。具体情况说明如下。

（1）通过显著检验的影响因素。 从业年限（X_2）对机构人员开展农地抵押融资的意愿产生显著影响。说明机构人员从业年限对融资意愿有正向影响，即从业年限越长的机构人员，对国家推行的农地抵押融资政策理解和接受能力越强，提供此业务服务越积极。

评估农地难易（X_3）和处置违约地难易（X_4）显著影响机构人员开展农地抵押融资的意愿。评估农地越难、处置违约地越难，机构人员开展业务时机会成本会提高，机构人员对农地抵押融资的意愿必然不高；相反则越容易，开展意愿越积极。因此，应完善农地经营权的评估体系，健全农地经营权流转市场等来提高供给意愿。

处置后偿还违约程度（X_5）对机构人员开展农地抵押融资的意愿影响显著。农户违约后农地的处置问题直接影响着机构人员的供给意愿，如果处置违约地获得的收入高，处置违约地时效短，金融机构损失少，机构人员越愿意开展农地抵押融资业务。

政策预期（X_6）对机构人员开展农地抵押融资的意愿显著影响。从现有信贷制度来看，机构人员的工资与信贷发放回收直接挂钩。因此，农地抵押融资政策越有前景，其后顾之忧越小，机构人员提供农地抵押融资的意愿越强烈，从而其收入也会提高。

办理手续（X_7）通过了显著性检验。从机构人员角度看，手续繁杂会增加交易成本。因此，手续越简便，机构人员农地抵押融资意愿越强。

法律法规健全度（X_9）通过了显著性检验，说明良好的法治环境对于金融机构农地抵押融资供给意愿有重要影响。担保体系和法律法规越健全，机构融资风险越小，机构人员开展农地抵押融资业务越安全，其供给意愿越强。

（2）没通过显著检验的影响因素。 学历（X_1）对开展农地抵押融资的意愿影响不显著。机构人员的学历相对较高，并不存在对政策理解能力不足的问题，反之亦然，所以没有显著影响。

操作流程（X_8）对开展农地抵押融资的意愿影响不显著。说明目前来看，涉农金融机构信贷操作流程相对普通贷款业务来说比较规范，并未比普通贷款业务流程烦琐。因此，此变量没有成为金融机构农地抵押融资供给意愿的主要因素。

6.2　农地经营权抵押融资对金融机构响应行为的影响

6.2.1　机理分析

关于响应在上一章中进行了界定，那么金融机构农地抵押融资响应行为，是指在政府颁布农地抵押融资并推进过程中，金融机构依照政策内容设计融资产品并扩大融资覆盖区域、提高农村需求主体贷款发放规模等行为。研究金融机构响应农地经营权抵押融资行为，不仅可以获悉金融机构参与情况，也能反馈金融机构的经营情况，更能够基于金融机构维度体现出农地抵押融资的实施效果。

金融机构作为农村资金市场的行为主体之一，在农地抵押融资过程中，承担着满足农村需求主体农业生产生活所需资金的重任，同时也担负着自身维持继续经营下去的经济收益的任务，在兼顾双重任务下，为了实现农地抵押融资预期，需要持久的发挥农村资金供给行为，那么，金融机构融资供给响应行为的发生与否必然会考虑成本收益问题。通常情况下，金融机构开展农地抵押融资业务是所付出的成本费用低于经营收益时，金融机构会采取融资响应行为。如果这种响应行为需要延续下去，那么也涉及跨期成本收益问题。所以说，金融机构融资供给响应行为，既是经营收益的晴雨表，也是经营稳定和供给积极性的真实体现，更是农地抵押融资实施效果的现实表现。因此，本节从农地抵押融资对金融机构产品设计和经营情况的决策行为来分析金融机构对农地经营权抵押融资实施效果的影响。

6.2.2 对金融机构产品设计的影响

农地抵押融资具有惠农效果，供给主体的金融机构既肩负着实现政策目标，又肩负着自身盈利的双重任务，因此对供给业务的期限、利率等产品设计要慎重。因此，有必要先就农地经营权抵押融资对产品设计的目标和原则进行分析，在此基础上再具体分析对利率和期限设计的影响。

1. 对产品设计目标的影响

(1) 惠及"三农"。 农村金融机构是农村金融市场的重要主体，而农地经营权填补了农村金融市场有效抵押物不足的空缺。因此，金融机构应该在充分发挥有效供给功能，积极投身于"三农"建设中来，体现出农村需求主体和金融信贷的有效对接，实现农村需求主体信贷的有效满足并为其推动生产规模化做出贡献。同时，农村需求主体收入增加带来整个农村经济的大力发展，必然也会反作用于金融机构，促进其供给能力的提高。因此，产品的设计要充分坚持满足"三农"的需求，在化解农村需求主体信贷短缺的困境上，应对农地抵押融资产品的设计适合各方需要，才能保障业务的经营区域不断扩大，得到更多的支持，进而可持续地推进下去。

(2) 利润。 金融机构是从事金融产品经营或者营利性服务活动的组织。根据金融机构组织形式不同，可以分为政策性、商业性等金融机构。不管是哪种形式的组织结构，在承担农地抵押融资业务时，都要充分坚持政策初衷的情况下去实现自身利益追求。为此，农地经营权抵押融资要求金融机构支持"三农"、提高农户信贷可得。因此，产品设计上其利润追求不能强调一味高利润，而是要全面权衡融资规模与结构、成本和收益、需求和供给以及现行相关政策等，从而来确定一个既能让自身获利又能防止逆向选择出现的微利产品。

(3) 风险控制。 农村金融机构在农地经营权抵押融资方面的风险控制核心是如何能从源头上规避。由于农业受自然环境不确定性的影响，常常会表现出农户信贷资金无法偿还的违约行为，从而导致金融供给主体利益受到侵害，融资产生经营风险。为此，金融机构在设计农地抵押融资利率时，应该尽最大可能规避由于利率的设计而出现的道德风险和逆向选择问题，从而保障自身利益并能长久经营下去。同时，金融机构在设计农地抵押融资需求主体条件和融资期限时，也应该尽最大可能规避由于设计不合理而出现的信用违约等问题，尽可能将风险控制在可接受的范围内。

通过对产品设计目标的分析可见，产品设计要保证资金的安全，应该遵循成本、风险收益对称原则；要保证资源配置达到帕累托最优状态，应该遵循差异化产品设计原则；要维持持续稳定经营应遵循微利性原则；要实现较高程度的市场化应遵循依法合规原则。

2. 对产品利率设计的影响

农地经营权抵押融资要确定合理的贷款利率，需要借助定价方法。农地抵押融资定价比较适合采取成本加成法，这种方法在一定程度上能够只针对成本和风险等元素探讨，假设其他历史因素不存在。目前农村需求主体信贷约束问题的核心制约因素是抵押品的不足，同时"三难"问题现在、将来可能会一直存在。因此，在进行产品利率设计时，假设不存在市场占有率和竞争问题，充分探讨成本、利润和风险等因素即可。

一方面，农地经营权用于抵押是一种创新，为此定价没有能够参照的范例；另一方面，在我国，农地为农民提供基本生活保障，其具有特殊的作用，两方面都给利率确定合理的价格增加了困难。

本书农地抵押融资利率价格设计行为依据彼得罗斯关于成本加成定价模型中的部分做法，提出贷款定价中理论上有影响的因素包括贷款资本、违约风险和预期利润，实践中对模型建立有影响的因素还包括如贷款规模、期限等。由于农地抵押融资的政策特殊性，本书结合以上论述，提出金融机构对农地抵押融资利率的设计要基于成本、利润、风险和其他因素视角来确定的行为活动。

融资利率＝资金成本率＋目标利润率＋风险溢价率＋综合调整率

第一，资金成本率的确定。资金成本是指为农地抵押融资发放的资金所须付出的借款成本（包括存款、同业拆借等行为）。这里确定农地抵押融资的资金来源成本，参照历史加权平均成本和边际加权成本法来计算。

（1）历史加权平均成本计算公式为

$$AC_n = I_n / f_n \qquad (6-4)$$

$$AC = AC_1 \, (F_1/TF) + AC_2 \, (F_2/TF) + \cdots + AC_n \, (F_n/TF)$$

$$(6-5)$$

其中 AC 是可以使用资金的历史加权平均成本，AC_n、I_n、f_n、F_n 分别是第 n 种途径得来资金的平均和利息成本以及能使用额、资金数量，TF 表示金融组织所有途径资金总额。

（2）加权边际成本的计算公式为

$$MC_n = ZI_n / Zf_n \qquad (6-6)$$

$$MC = MC_1 (ZF_1/ZTF) + MC_2 (ZF_2/ZTF) + \cdots + MC_n (ZF_n/ZTF)$$
$$(6-7)$$

其中 MC 是某一个金融组织资金增加后的平均边际成本，MC_n、ZI_n、Zf_n、ZF_n 分别是第 n 种途径得来资金的边际成本、利息成本、能使用资金及金额的增加值，ZTF 表示组织所有途径资金增加值的总额。

以上两种计算权重的方法是：

$$W_a = TF/(TF+ZTF) \qquad (6-8)$$
$$W_m = ZTF/(TF+ZTF) \qquad (6-9)$$

使用以上两个公式计算各年资金成本率的方法如下：

$$TC = CA \times W_a + MC \times W_m = (\frac{1}{N}) [AC \times TF/(TF+ZTF) +$$
$$MC \times ZTF/(TF+ZTF)] \qquad (6-10)$$

其中 W_a、W_m 分别是另种方法得出的权重，N 是融资期限，通常按年计算。

第二，目标利润率的确定。通常使用经济资本来反映目标利润率，从银行管理者的角度出发，经济资本是预期外的风险损失成本，不是银行的实际资本，而是"理应有"的资本，即资本的下限阈值。通常以经营业务的风险为基础，通过数学模型计算。具体包括信用风险、市场风险和操作风险三者的非预期损失。由于金融机构发放贷款遇到市场风险时，这部分资金在经营成本内以计提准备金的方式计算，所以应排除可能遇到的市场风险损失来确定目标利润。

所以，金融机构经营资本的目标利润率计算公式为：

目标利润率＝经济资本比例×经济资本回报率

经济资本回报率＝经济资本基础回报率＋目标增加值率

公式中的经济资本基础回报率是将融资的资金当成普通资金所获得基础的收益率；而式中的目标增加值率是针对各个从事农地抵押融资的金融机构根据政策"支农"初衷和自身盈利及发展要求达到的目标增加值率。

第三，风险溢价率的确定。风险溢价率由信用风险溢价和期限溢价两部分组成，在后面的论述中可知一般假设期限风险不存在，只讨论信用风险溢价如何计算问题。依据现有的计算方法，涉及四个要素进行计算和现实监管，即违约率（PD）、违约损失率（LGD）、违约风险暴露（EAD）和有效期限（EM）。

信用风险溢价通常参照内部信用评级法中的信用风险评估公式

$$EL = PD \times EAD \times LGD \times EM \qquad (6-11)$$

其中 EL 是风险溢价率，也是通常所说的预期风险；EM 是伴随时间延长可能出现的风险因素，通常情况下，融资期限与期限风险之间成正比。如果融资期限没有达到 1 年，EM 系数是 1，此时不计算期限风险带来的影响；如果融资期限超过 2 年，需要通过风险溢价率的系数来计算可能的损失。此时公式变成

$$EL = PD \times EAD \times LGD \qquad (6-12)$$

若把期限可能发生的风险 EM 排除在外，使用三个要素 PD、EAD、LGD 来计算可能发生的损失，其中 PD 对风险溢价率来说是具有决定作用的元素，通常用 Logit 模型来测算。

农地抵押融资的 Logit 模型，是计算违约概率的较成熟方法，通过 SAS、SPSS 等软件输出结果，在农地抵押融资方面能对有贷款信用记录客户进行信用分析。贷款农户的行为结果表现为两种：一种是按时还款，另一种是延迟还款或不还款而带来的违约。违约风险包括实际违约和潜在违约。属于典型的二元实证，假设可能违约的概率为 PD，则不违约的概率为 $1-PD$。

公式为

$$Y^* = P\ (Y_i = 1 \mid X)\ = \phi\ (\beta X_1)\ (\beta X_2)\ \cdots\ (\beta X_i) \qquad (6-13)$$

其中 Y^* 为不能直接观察到的可能出现的违约率，Y 为是直接能够观察到的违约行为，违约发生表示为 0，没有违约表示为 1，$P\ (Y_i = 1 \mid X)$ 表示在规定期限内，融资需求主体没有对融资供给主体违约的概率；X 表示影响融资需求主体没有违约的各个因素，ϕ 为标准正态累积分布函数，β 表示要评估的各因素的向量，i 代表样本数。

若融资需求主体 n 的未加保护风险为 1，也被称为风险敞口。农村土地用于抵押的价值会受到以下因素的影响，如农地抵押规模 λ_n、系统性风险 x、系统风险的应激状态 r_i、农地经营权的流转 μ_n 等。一般情况下，对农地经营权抵押融资违约概率计算借助于信用资本模型来研究，具体计算公式为

$$C_n = \lambda_n (1 + \mu_n C_n)_n = r_n R + \sqrt{1 - p_n^2 Z_n} \qquad (6-14)$$

式中 C_n 是代表农地的评估值，R 是代表农地用于农业生产的收益，Z_n 是代表第 n 个的风险，R 和 Z_n 在 N（0.1）的标准正态分布内。

农地经营权抵押融资需求主体 n 所处金融环境是 $L_n = p_n R + \sqrt{1 - p_n^2 Z_n}$，

当中 p_n 是农地经营权对系统性风险的应激状态。L_n 非常恶劣时，需求主体按时还款的概率是 0。此时，融资供给主体可以回收的资本占融资发放比重为 $H_n = \min (1, C_n)$。经过对 H_n 转换能够得到违约概率 $LGD = \max (0, 1 - C_n)$。通过以上分析可知，如果风险敞口 $< C_n$ 时，金融机构不论需求主体是否违约都将没有损失；如果 $C_n < 0$ 时，金融机构的损失会大于风险敞口 1。

现阶段不少农村金融供给主体实行回收风险来替代信用风险的办法，也就是需求主体出现违约行为后，供给主体来处置抵押物用以抵消到期无法偿还融资资金的损失。农地经营权作为特殊的抵押品，处置之后回收率高低与融资金额、农地流转市场的成熟度、承担的社会保障功能、系统风险、抵押的土地规模化、农地确权等因素都需要在线性模型中进行考虑。要确定抵押物的抵押率，首先要通过评估方法中的收益法来确定农地的价值，因为农地是农业生产和农户生活依赖的资产，为此，农地抵押融资供给主体使用每年农地预计可能的收益进行折现加总的方式评估出农地经营权的价值。

第四，综合调整率的确定。以上三个方面是金融机构确定贷款利率必须考虑的因素，结合农地抵押融资这一特殊产品，金融机构还需在三个因素基础上进行综合调整，达到各因素之间的协调。首先，农地抵押融资供给者——金融机构对"支农"作用较大，利率设计要结合不同经济发展阶段的要求和目标来调整；其次，农地抵押融资风险控制上，应根据不同信用类型的农户生产需要来差异化调整融资利率；再次，农地抵押融资成本控制上，应根据成本控制与预期的收益来灵活地调整融资利率；最后，农地抵押融资利率应结合各地物价水平，又要遵循政策管制进行合理调整，通过综合调整实现农地抵押融资供需双方"双赢"的目的。

（3）贷款期限设计。金融机构在响应农地经营权抵押融资的惠农政策情况下，就现行法律体系制度框架内，其更倾向于提供农户短期贷款。短期贷款对比长期贷款，长期贷款不利于机构对农户的实时监督和了解，会带来交易成本增加。如果农户想申请到长期贷款，就需要法律完善、担保体系健全等，以利于减少违约，降低交易成本，提高机构贷款收益。因此，对于期限的设计，首先针对普通农户而言，其拥有的耕地多、农业生产规模大、家庭经济条件好、承受自然灾害和市场价格变动能力强、信用等级良好，农地抵押融资供给主体可以适当发放中长期贷款；反之，适合发放短期贷款，因为短期贷款可以消除信息不对等而带来的交易费用的增加，有利于供给主体减少因农户违约而造成的经营风险。其次，针对新型经营主体来说，其抵御风险的能力强于普通农户，适当放长期限融资贷款来减少由于流程反复等带来的交易费用。综上所述，应该根据不同需求主体的实际情况设计出差异化的融资期限，以满足不同的需求。现阶段农地抵押融资期限的设计行为，能够稳固农地抵押融资的经营水平，能够推动农地抵押融资的可持续发展。

6.2.3　对金融机构经营行为影响

经营行为通常指为了实现经济利益而进行的经营和服务行为，金融机构的经营行为是指为了实现农地抵押融资的政策性和营利性目的，给农地抵押融资市场需求主体提供供给服务的行为。本节主要通过金融机构的农地抵押融资业务经营范围、贷款发放规模和经营稳定性三方面分析农地经营权抵押融资的出台对金融机构经营行为的影响。

1. 对农地抵押融资业务经营范围的影响

2008 年国家提出开展"创新贷款担保方式，扩大有效担保品范围"试点开始，最初选定的地区只是在中部 6 省和东北 3 省每省各选择 2～3 个有条件的县（市），此后试点范围逐年扩大，到 2015 年农地经营权抵押贷款试点扩展至全国 232 个试点县（市、区）行政区域，农地经营权抵押贷款试点区域涵盖除上海市以外的 30 个省（区、市），本书通过业务地区覆盖来反映经营范围的变化情况。

黑龙江省作为农业大省，2008 年 10 月，被确认首批农村金融产品创新试点省份，选取了农业生产大县（区）肇东、呼兰、北林、克山、富锦、依安六地启动黑龙江省农地经营权抵押贷款试点工作。2013 年，新型农业经营主体在克山、依安、方正等县（市）创新融资模式。截至 2014 年底，64 个县（市）中已有 58 个县（市）开办了农地抵押融资业务。2015 年 12 月，国务院启动农村"两权"抵押贷款试点工作，黑龙江省 15 个县（市、区）正式开展农地抵押融资。随后，覆盖面不断扩大，截至目前，黑龙江省已基本实现了全覆盖（表 6 - 6）。

表 6 - 6　黑龙江省农地经营权抵押融资覆盖地区

地级市	市、区、县
哈尔滨	尚志、五常、通河、宾县、方正、双城、依兰、阿城、延寿、呼兰、巴彦、木兰
齐齐哈尔	泰来、克东、拜泉、依安、富裕、甘南、克山、龙江、讷河

（续）

地级市	市、区、县
牡丹江	宁安、穆棱、林口
佳木斯	抚远、桦川、汤原、富锦、同江、桦南
大庆	肇源、肇州、林甸、杜尔伯特、大同、让胡路
七台河	勃利、茄子河
鹤岗	绥滨、萝北
黑河	孙吴、北安、嫩江、逊克、五大连池
鸡西	虎林、密山、鸡东
双鸭山	宝清、友谊、集贤、饶河
大兴安岭地区	呼玛、塔河
绥化	肇东、安达、海伦、庆安、望奎、明水、兰西、青冈、绥棱、北林
伊春	铁力、嘉荫

资料来源：2016年人民银行哈尔滨支行土地的经营权抵押贷款全面调查内部资料整理。

贷款业务覆盖率是指实际贷款金额与贷款地区之比，即贷款覆盖率＝实际发生贷款金额/贷款地区数。在政策支持下，黑龙江省金融机构贷款余额由2013年的99.58亿元增加至2018年的208.30亿元。相应的每个市县的贷款余额也由1.56亿元增长到3.25亿元，但是由于农村人口比较庞大，因此，农地经营权抵押贷款覆盖率仍有很大的上升空间。

2. 对经营机构数量的影响

虽然近年我国金融机构规模呈现整体缩减的状况，但是农村中小金融机构规模、从业人数和营业网点虽然稳定中略有下降趋势，但没有发生大幅度的缩减（表6-7）。

表6-7　2016年农村中小金融机构基本情况

机构类别	营业网点		
	法定机构个数（个）	从业人数（人）	营业性网点（个）
农村信用社	1 125	297 083	28 285
农村商业银行	1 114	558 172	49 307
农村合作银行	40	13 561	1 381
村镇银行	1 443	81 521	4 716
贷款公司	13	104	13

（续）

机构类别	营业网点		
	法定机构个数（个）	从业人数（人）	营业性网点（个）
农村资金互助组	48	589	48
合计	3 783	951 030	83 750

资料来源：中国银保监会、《中国农村金融服务报告 2016》整理计算得出。

　　黑龙江省自 2008 年国家提出农地抵押融资试点，得到了当地政府的高度重视，尤其是 2013 年，中央明确了农地抵押这一流转方式，在一定程度上有效改善了金融机构供给不足的局面，金融机构经营农地抵押融资业务的热情明显提高。截至 2016 年 6 月末，黑龙江省经营农地经营权抵押融资业务的机构主要有 7 家，分别是农村商业银行、农村信用社、中国农业银行、中国邮政储蓄银行、中国建设银行、中国银行、中国工商银行。截至 2017 年末经营机构在原有的基础上增加到 12 家，具体包括大型商业银行：中国工商银行、中国农业银行、中国银行、中国建设银行、中国交通银行；城市商业银行：哈尔滨银行、龙江银行、锦州银行、昆仑银行；农村合作金融机构、新型农村金融机构、中国邮政储蓄银行等。截至 2018 年末，从事农地抵押融资供给业务的机构主要有：农村合作金融机构、大型商业银行、城市商业银行、中国邮政储蓄银行、新型农村金融机构。由此可见，农地经营权抵押融资对促进农户信贷可得，刺激金融机构供给行为具有一定的效果。

3. 对放贷规模的影响

　　放贷规模是金融机构通过农地经营权进行抵押的形式向农户发放所需的生产资金的所有贷款总额。黑龙江省部分地区于 2008 年开始对该项政策进行试点，直到 2013 年确认了农地抵押这一流转方式，通过调研及官方数据的详细查找，黑龙江省农地抵押融资业务的官方数据自 2013 年才正式有了全面的统计资料。随后，2015 年国务院启动农村"两权"抵押贷款试点工作，2016 年 3 月五部委联合发布了《农村承包土地的经营权抵押贷款试点暂行办法》，绝大部分地区开展了农地经营权抵押贷款业务，如图 6-2 所示。

　　可见，自农地经营权抵押融资实施以来，各家金融机构对各地农地抵押贷款业务的热情显著提高，供给意愿不断加强，响应行为不断提高。从全省各地区 2013 年以来的情况看，2013—2018 年农地经营权抵押贷款发放总额度不断变化（图 6-2），总体发放额度呈上升趋势。其中，哈尔滨发放额度最高，佳

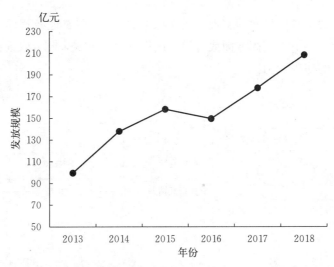

图 6-2 2013—2018 年黑龙江省农地经营权抵押贷款发放规模

木斯、绥化、鸡西、齐齐哈尔的总发放额度也较高。发放额度较小的主要有伊春、七台河、牡丹江、大兴安岭等地。

然而，通过多次进行调研发现，金融机构供给响应行为目前仍有提升的空间。究其原因，一方面主要是金融机构内部对农地抵押融资的风险管理制度还未完全建立，致使从事农地经营权抵押融资供给主体担忧需求主体因自然灾害、市场价格波动以及道德风险等发生违约行为，在自身对经营风险没有规避和管理措施的现状下，供给主体往往选择性、象征性来响应农地抵押融资业务。另一方面主要是农地抵押融资是新兴业务，其配套设施，比如农地流转市场、农地价值评估机制、抵押物处置平台等有待完善，所以金融机构有时采取观望态度发展业务。

6.3 农地经营权抵押融资引发的信贷员违规行为分析

违规行为通常是指由于信息不均等以及个人对利益的追求，出现违反预期目标而进行以侵害其他人利益实现自身追求的谋利行为，这种行为往往会影响整个大局的发展。本书对信贷员在农地抵押融资过程中的违规行为定义为：在农地经营权抵押融资业务实施过程中，金融机构的执行人员基于自身"利益诉求"和掌握"信息权利"不同，表现出"信息不均等"的后果，更有甚者会为达到自身利益的最大化而选择性、象征性、观望式等方式去执行农地经营权抵押融资的行为来妨碍目标的实现（图6-3）。因此，在农地经营权抵押融资条件下，信贷员会由于道德方面或者通过操作不当等方式来收取农地抵押融资业务"寻租"的违规行为。

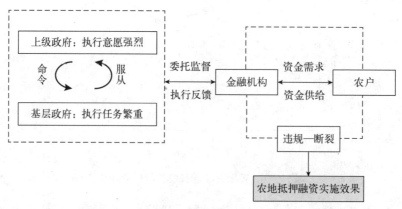

图6-3　农地经营权抵押融资实施过程中违规行为产生的过程

6.3.1　机理分析

1. 委托代理理论主要观点

委托代理理论的主要观点包括以下三个方面：首先，"经济人"假设，指出人的每一个行为选择都是为了最大可能实现自身利益，往往经济利诱能够使一个人的行为发生改变。其次，信息是委托代理问题出现的重要因素。供需双方之间信息是否均等对彼此利益的影响至关重要，往往政府和金融机构间存在信息不对称的情况会引起违规风险及逆向选择的出现。再次，激励是缓解委托代理问题的重要方法。在农地抵押融资中政府将此业务委托给金融机构，而金融机构是具有经济人属性的组织，其在产品设计上会体现自身利益的实现，往往可能会出现违规操作问题，这就需要政府在委托时为金融机构提供财政补贴、风险补偿基金等激励措施以减少违规行为的出现概率。

根据以上分析，可以得出信贷员违规行为与自身"利益诉求"和掌握的"信息权利"以及激励约束有关。如果信贷员在掌握信息资源上占据主动权，那么就可以在信息决策中处于优势，为实现自身利益诉求，则信贷员违规行为发生概率较大；反之，则发生概率相对较小。

2. 信贷员违规行为对农地经营权抵押融资效果的影响

信贷员违规行为在我国农地经营权抵押融资过程中产生不可忽视的影响，它不仅关系到农地经营权抵押融资顺利开展，也关系到农村金融体系的稳定，更关系到农户的切身利益。首先，违规行为破坏了农地抵押整个经济利益链条的安全，如对借款农户的农业生产和其抵押农地进行贷前调查评估时采取"熟人"模式，贷后跟踪松散等必然给金融机构带来不良资产隐患，如果风险达到一定程度将导致社会风险，实施效果将无从谈起，更无法实现唤醒农村沉睡资源的经济价值，农村经济发展也将受到阻碍。其次，农地抵押融资关系到农户的根本利益，违规行为会使稀缺的金融资源流向投资收益较高领域，收入低、还款能力小的农户，较难争取到用于生产的农地经营权抵押贷款资金，将破坏农户生存和发展的资金安全，无法实现政策的初衷。再次，违规操作会带来政策系统的损失，降低政策执行效率，使政策得不到真正地贯彻落实。

综上所述，农地经营权抵押融资的实施可能会引发信贷员的逆向选择等违规行为的出现，而违规行为又制约了农地经营权抵押融资的实施效果，达不到政策出台的目的和预期。

6.3.2 信贷员违规行为表现和影响因素分析

1. 违规行为的表现

农地经营权抵押融资的贷前审查、贷中审批、贷后跟踪监控等环节非常重要，但金融机构由于业务流程不熟悉、审查制度缺乏等，容易出现操作漏洞引发金融风险。通常表现在违规放贷、审批贷款手续不合规、贷后跟踪监督不力等方面。

首先，贷前审查不严。一方面，信贷员对熟人不坚持制度，简化程序，大行方便之门。另一方面，对农户贷前审查不严格，包括缺乏全面摸底、资信调查不认真、申贷的原因不核实等，从而无法掌握农户真实情况，造成农户可能趁机恶意骗取贷款，有能力也不偿还贷款等情况的发生。

其次，贷中操作不合规。一方面，审核人员对农户从事的行业不了解，对资料的核实、审查可能存在信息不真实、不可靠情况。另一方面，审核人员的收入与业绩直接有关，部分审核人员为了提高自身经济收入而放宽审核标准，致使操作中存在风险。此外，作为信贷发放人员来说，在实际发放中由于主客观原因，也会存在如合约内容填写不完整等不合规操作。

再次，贷后追踪监督不力。一方面，贷后信贷员对农户是否按约定使用贷款、农户的资产生产经营情况如何、是否有违法劣迹行为等没有追踪记录。另一方面，有些金融机构并未实行抵押贷款中期检查和反馈制度，对贷款去向、贷款人的经营状况和信用等级并未建立动态管理，无法及时控制可能出现的融资风险。面临逾期贷款催收时，信贷员没有根据农户的具体情况制定有针对性的解决方案，导致催收效果不佳。

2. 违规行为的影响因素分析

（1）**经济利诱**。英国经济学家亚当·斯密最早指出"经济人"假设，认为人会在最大限度内追求利益最优化，甚至经济利诱能够影响人重新去抉择方向。我国实施的农地抵押融资中可能出现的违规行为里掩盖着优厚的经济利益，而且现阶段我国商业银行等供给主体在规制农户违约风险上严格执行着"信贷员问责制"。依据制度内容可知，信贷员对是否给予需求主体放款有独立的决策权，而且发放数量、还款质量都与其经济利益挂钩。一些信贷员在诸多利益权衡驱使下，借助农户农地经营权抵押融资需求之机，采取违规手段，有选择地发放贷款，实现自身利益最大化，不仅冲击了良好的金融秩序，而且埋下了经营风险隐患。

（2）**信息不均等**。信息不均等是指农地抵押融资的各利益相关主体之间存在着信息不对称的情况，这种信息不对称导致各利益主体之间进行博弈时反映出的力量悬殊，若信息在供需主体之间不存在不对称，彼此是均等的，那么交易的各方就利用合约的约束力去履行义务。但是我国农地抵押融资信息开放的前提条件是土地产权信息管理系统的建设，目前该系统处于收集汇总相关数据阶段，还不具备农地产权信息的综合利用和管理能力，农村大部分地区缺乏信息共享平台，给金融机构农地抵押融资违规行为提供了温床。

（3）**监管不力**。首先，农地抵押融资内部监管机制不健全。缺乏监管部门和具体监管人员以及相关规章制度，无法对农地抵押融资实施全面监管。同时，在业务办理中，赏罚不分明无法调动开展意愿。应将收益和风险结合起来，对农地抵押融资业务中的违规执行或者审核不严格等情况建立责任追究制度。其次，农地抵押融资风险评估制度不完善。部分农村农户的信用档案并未建立，无法获得其信息，因此对农户授信主观性较强。同时，农村金融机构没有完整科学的对融资风险评估的方法、程序、专业人员等，也致使金融机构供给农地抵押融资风险上升，从而会严重影响业务的健康发展以及效果的提升。

6.3.3 信贷员违规行为的实证分析

1. 研究方法与适用性

(1) 研究方法的适用性。 在已有的研究中，对于农地经营权抵押融资中信贷员违规行为影响因素分析可以选择 logistic 回归模型、因子分析法和层次分析法。logistic 回归模型和因子分析方法的使用，解决多样本的问题，数据量越大，样本越充足，对计算的结果才会越可靠。本书结合获取的相关资料，选择了层次分析法来对农地经营权抵押融资过程中信贷员违规行为进行评价，从而弥补数据不充分所带来的弊端。

农地经营权抵押融资过程中信贷员违规行为受多种因素影响，本书基于层次分析法的理论基础，归纳出所需指标，然后确定指标的权重，从而对影响农地经营权抵押融资的因素进行排序，明确农地抵押融资信贷员违规带来影响的关键点和方向，为农地抵押融资进一步的发展提供参考。

(2) 层次分析法的基本原理。 参照 4.2.2 中模型构建中的层次分析法基本原理。

2. 模型构建

针对上面农地经营权抵押融资引起的信贷员违规行为的分析，发现信贷员违规行为的影响因素，通过分解影响层次，运用主观判断和客观计算相结合的方法计算出结果，并计算是否通过一致性检验，最终用权重数值来对影响信贷员农地经营权抵押融资过程中违规行为的因素进行重要程度排序，使实证分析更具说服力。

在前面研究的基础上，根据《金融机构人员从业资格》、金融机构内部人员管理制度，依照指标体系构建原则，参考王杰（2017）、李金龙（2018）、邰志强（2017）、祖洪涛（2003）等学者在指标体系构建、指标选择等方面的研究，本书从经济、信用、管制构建信贷员违规行为影响因素的指标体系（表 6 - 8）。

表 6 - 8　信贷员农地抵押融资违规行为影响因素指标体系

一级指标	二级指标	三级指标
信贷员违规行为 A	经济类 B_1	违规成本低 B_{11}
		经济利益诱惑 B_{12}
		物质激励 B_{13}

（续）

一级指标	二级指标	三级指标
信贷员违规行为 A	信用类 B_2	信息不对称 B_{21}
		信用制度不完善 B_{22}
		信用意识淡薄 B_{23}
	管制类 B_3	法律法规不明确 B_{31}
		外部监管有缺陷 B_{32}
		内部监管不力 B_{33}

资料来源：文件、文献整理。

3. 数据来源和样本检验

本书在对黑龙江省农地经营权抵押融资经营机构进行调研的过程中，选择了客户经理 2 人、信贷部门负责人 3 人，信贷员 3 人，对各指标依据个人专业认知给予重要程度打分，并建立两两判断矩阵，应用 YAAHP 软件运算出权重结果，进而计算一致性检验（表 6-9 至表 6-12）。

表 6-9　二层指标对信贷员违规行为影响

A	B_1	B_2	B_3	CR
B_1	1	3	3	
B_2	1/3	1	3	0.018 2
B_3	1/3	1/3	1	

资料来源：实证分析结果。

表 6-10　三级指标对经济类指标的影响

B_1	B_{11}	B_{12}	B_{13}	CR
B_{11}	1	1/3	1/4	
B_{12}	3	1	1/3	0.071 8
B_{13}	4	3	1	

资料来源：实证分析结果。

表 6-11 三级指标对信息类指标的影响

B_2	B_{21}	B_{22}	B_{23}	CR
B_{21}	1	4	5	
B_{22}	14	1	4	0.052 8
B_{23}	1/5	1/4	1	

资料来源:实证分析结果。

表 6-12 三层指标对监管类指标的影响

B_3	B_{31}	B_{32}	B_{33}	CR
B_{31}	1	1/3	1/5	
B_{32}	3	1	1/4	0.017 6
B_{33}	5	4	1	

资料来源:实证分析结果。

当 $CR \leqslant 0.1$ 时,接受判断矩阵,通过一致性检验。一级指标 A 的 $CR=$ 0.018 2,二级类指标 B_1 的 $CR=0.071$ 8、B_2 的 $CR=0.052$ 8、B_3 的 $CR=$ 0.017 6,均小于 0.1,因此指标通过检验。总层次排序如表 6-10 所示。

表 6-13 信贷员农地抵押融资违规行为影响因素指标评价

一级指标	二级指标	三级指标	总排序权重	排序
	经济类 B_1	违规成本低 B_{11} (0.117 2)	0.047 9	6
	(0.408 8)	经济利益诱惑 B_{12} (0.268 4)	0.109 7	3
		物质激励 B_{13} (0.614 4)	0.251 2	1
	信用类 B_2	信息不对称 B_{21} (0.600 4)	0.221 1	2
信贷员违规行为 A	(0.359 8)	信用制度不完善 B_{22} (0.246 4)	0.096 6	4
		信用意识淡薄 B_{23} (0.127 1)	0.042 2	7
	管制类 B_3	法律法规不明确 B_{31} (0.238 5)	0.034 0	8
	(0.142 6)	外部监管有缺陷 B_{32} (0.136 5)	0.019 5	9
		内部监管不力 B_{33} (0.625 0)	0.089 1	5

4. 结果分析

如表 6-13 所示,经济类指标、信用类指标、管制类指标都是影响信贷员农地经营权抵押融资过程中违规行为产生的主要因素。

　　首先，经济类指标（B_1）、信用类指标（B_2）、管制类指标（B_3）对信贷员农地经营权抵押融资过程中违规行为产生正向影响。信贷员违规行为受经济类指标影响比较强烈，次之是信用类指标、再次是管制类指标。

　　其次，物质激励、信息不对称、经济利益诱惑对违规行为的影响最显著；之后是信用制度不完善、内部监管不力等问题；违规成本低、信用意识淡薄、法律法规不明确、外部监管不力的影响程度并不十分明显。

　　依据分析结果可见，这些因素对信贷员在农地经营权低融资过程中的违规行为产生显著影响，进而影响到农地抵押融资实施效果。因此，应着重考虑经济激励、法律法规的完善以及健全信息公开平台，从而加强信贷员违规行为的管理，进一步推动农地经营权抵押融资的完善和发展。

7 | 农地经营权抵押融资 实施效果提升的策略

虽然农地经营权抵押融资实施后得到大力推广，但通过对前面农地经营权抵押融资实施效果及对供需主体行为影响的分析，得出黑龙江省农地经营权抵押融资效果水平在较低区域内波动上升，还有待于进一步提升；同时农地经营权抵押融资实施过程中对供需主体行为的影响与实施预期之间还存在诸多差距。因此，在前面研究的基础上，提出农地经营权抵押融资效果提升的策略，以期推进农地经营权抵押融资可持续发展。

7.1 目标与基本原则

7.1.1 目标

农地经营权抵押融资完善和改进的总体目标是通过对主体、风险、运行、监督、产品等方面的优化，促进农地经营权抵押融资相关利益主体积极地参与农地经营权抵押融资中来，实现农地经营权抵押融资效果的持续提升。结合黑龙江省农地经营权抵押融资效果分析和对供需主体行为的影响，立足于黑龙江省农业、经济、农村金融实际现状，本书将提升的目标分为三个层次。

（1）微观目标。农地经营权抵押融资具有保障功能——经济保障、社会保障和政治保障。这种保障功能的实现主要体现在农民收入的保障、农村金融有效供给的保障、农村金融体系安全以及国家粮食安全的保障。一方面，通过完善农地经营权抵押融资的相关政策，促进农户融资意愿和响应行为，在农户有效需求得到满足的同时防范农户违约、转移自然和市场风险，以此降低农户失去土地所产生的失地风险和社会风险。另一方面，通过农地经营权抵押融资的完善，促进金融机构供给意愿和响应行为，抑制金融机构违规操作风险、转移风险。这样一来，由于金融机构盈利得到保障，从而提高金融机构供给积极性，进而保证了融资供给的安全性和持续性，可以有效保障农村金融体系的稳定性。同时，缓解供需主体资金矛盾，进而增加生产规模，提高农户收入，促进农业生产的持续性发展，从而保障国家粮食数量和质量。

（2）中观目标。农地经营权抵押融资有助于产业化、农业现代化的推进和发展。由于农地经营权抵押融资是将农业的高风险与农村金融的高风险结合在一起，如果农户增加生产规模，在小农经济向大农经济的转变过程中，可能会出现由于自然风险的不确定性导致农业经营收入减少的情况，农户出现经济损失之后将无法偿还银行的贷款，增加金融机构不良资产。农地经营权抵押融资就是通过不断完善多元主体共同参与机制进行风险分散，既可以形成多种农业风险分担形式来减少损失，提高预期收入，又可以实现农户增加生产规模、不断发展大农业的经营方式，不断形成以大规模经营为主的现代农业。

（3）宏观目标。农地经营权抵押融资是农地金融化的核心和基础，是农村经济发展的动力。农村经济发展离不开金融的支持，但是金融机构基于农业的高风险及收益不稳定视角出发，向农业提供贷款的积极性不高。农地经营权抵押融资的效果提升，首先，可以从农地抵押贷款的额度、期限、利率等方面进行调节，通过金融手段的干预达到农村经济增长的目的。其次，可以将农地经营权抵押融资与"精准扶贫"等工作相结合，制定贫困地区和贫困农户抵押贷款的相关规定，并在风险可控情况下提高其贷款额度，充分发挥农村金融在惠农支农方面的作用。再次，可以从弥补和补偿供给主体角度出发，激励金融机构为农业提供信贷支持。综上所述，农地抵押融资的效果提升能够实现农村经济增长，稳定农村社会生活，从而实现乡村振兴战略（图7-1）。

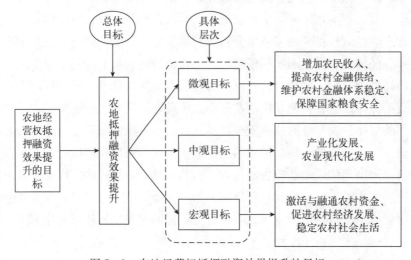

图7-1　农地经营权抵押融资效果提升的目标

7.1.2　基本原则

(1) 可持续性原则。 农地经营权抵押融资不仅仅要突出短期的效果，更应该追求政策、经济、社会生态等可持续性发展。因此，实现农地经营权抵押融资效果的提升，不仅要在短期内实现农村所需资金的供需平衡，处理农户"三难"困境；也应长期持续下去，使得农地抵押融资长久地在农村发挥其"活"资金的作用。只有实现其社会功能、经济功能、政治功能、生态功能，更好地为"三农"发展提供可持续的支持，才能真正达到农地经营权抵押融资的目的。

(2) 稳定性原则。 农地经营权抵押融资是一项系统、长期、复杂的工程，需要长期的努力才能达到最初设定的目标。因此，实现农地抵押融资效果的提升，一方面，意味着要承受来自内外部压力的同时，仍要保持既定目标，由其参与主体（即政府、金融机构、农户、担保机构、保险机构等各相关部门）在共同配合的基础上按既定的方式，沿着既定的方向稳定的实施下去。另一方面，意味着要从农地抵押融资的相关政策、法律体系、激励机制、市场运行模式、风险分担机制等方面入手，同步协调逐步推进，稳扎稳打，一步一个脚印地立足现状，兼顾长远，实现完善和改进的目标。

(3) 协调性原则。 农地经营权抵押融资既有保障各相关主体防止风险带来的损失的安全目标，也有实现各相关主体收入增加，进而促进农村经济发展的要求。要实现发展中对效率和安全的追求，就要在兼顾农地经营权抵押融资的同时还要涉及多方利益相关主体之间关系的协调处理。因此，实现农地经营权抵押融资效果的提升，既要关注各相关主体之间不同的利益诉求，也要关注可能引发的风险问题，更要关注各主体兼顾当前利益与未来利益的协调一致，从而实现各相关主体利益的协调。

(4) 合作共治原则。 我国农业生产的地域性比较强，土地利用又异常分散，这就导致在农地抵押融资业务开展过程中，农地的考量、评估、贷款的发收、风险管理等各环节使得交易成本大大增加，直接阻碍了农地抵押融资业务的顺利开展，这一情况也直接决定了农地抵押融资的顺利推进必须坚持合作的原则。因此，实现农地抵押融资效果的提升，一方面，各个相关主体要想实现合作共治达到预期目标，这就需要利用各方在业务中掌握的资源和技术优势，以平等协作的方式实现合作，从而减少交易成本和降低风险。另一方面，尤其是地方政府要利用行政职能促进金融机构在数据、资源等方面互联互通来促进农村金融机构的供给能力。综上所述，农地经营权抵押融资的完善，单靠任何一方的力量都无法实现其效果，借鉴合作治理的理念来进一步提升农地抵押融资效果的做法值得尝试。

7.2 改进路径

在对农地经营权抵押融资效果及供需主体行为影响研究的基础上，结合农业、经济、农村金融发展实际，提出以下具体的路径设计：构建主体合作模式、健全风险补偿机制、优化融资运行模式和创建融资监督制度。

7.2.1 构建主体合作模式

基于前面的研究发现，农地经营权抵押融资实施效果是由多方利益主体共同作用的结果，既有核心利益主体（农户、金融机构、政府），也有担保公司、评估机构等。为了提升实施效果，提高供需主体意愿、响应及预防和分担风险，应不断完善农地经营权抵押融资各主体之间的关系，构建主体资源共享、机会分享、风险共担的合作模式。要构建主体合作模式需要通过以下机理来完成，即农地经营权抵押融资多元主体职能定位、建立多元主体间的网络关系和构建合作运行机制。

（1）多元主体的职能定位。要实现农地经营权抵押融资的合作治理，首要任务就是清晰界定多元主体的权责，如何将职能分配到位，这样才能有利于每一个主体发挥各自的功能，实现合作治理的目的。现阶段依据我国政治经济体制和农村发展的现实情况，形成以政府主导、抵押担保组织协同、金融机构调节、村委会和农户共同参与的合作治理体系是最为理想的。

在农地抵押融资合作治理中，政府主导地位主要体现在：第一，在农地抵押融资目标确定、政策的制定和执行中指引着方向；第二，为农地抵押融资供给主体提供财政贴息、保险补贴，并设计风险补偿基金等财政支持；第三，对各类农地抵押、担保机构进行引导和培育，激发农户参与积极性。社会机构协同是指在农地抵押融资中，具备专业资质的机构在土地评估、抵押、担保等与农地抵押融资相关领域发挥调节和纽带的协同作用。市场调节是为实现农地抵押融资市场的健康持久发展，从而给各类融资供给主体和需求主体创造公平与竞争并存的市场条件，也能促进各主体自我管理水平的提高。社区助力意味着村社区是在农地抵押融资实施中起到保障作用的机构，如农地确权、村集体担保、征信体系完善等；也是农户参与农地抵押融资，行使民主权利，自我服务和自我管理的直接平台。公众参与、农民参与不仅可以推动农地抵押融资的运行，提升效果，还可以更好地发挥农民对政策实施的反馈，有利于政府或金融机构对政策和产品设计的完善，还可以充分发挥农民监督政府的权利。

（2）多元主体间的网络关系。 依据多元主体的互动形式，将他们的网络关系界定为引导与协助、调节与反馈、服务与合约。首先，政府与社区、社会机构、农户之间的关系是引导与协助关系。政府通过制定和出台相关政策规范对社区、社会机构、农户进行指导，反之，社区、社会机构通过某一方面的专业技能来协助政府完成工作，农户则通过发挥自身的监督职能来制约政府的违规行为。其次，政府、社会机构与市场主体之间是调节与反馈关系。政府通过行政、法律、经济等手段来调节资金供给主体、需求主体、评估机构等融资行为，防止出现无序竞争的状态，从而营造良性运行的市场环境。反之，供给主体、需求主体、评估机构等充分发挥反馈功能，让政府了解农地抵押融资实施效果及与预期之间的偏差，从而实现对政府完善政策的影响。再次，社会机构、社区与农民之间是服务与合约的关系。社会机构、农村社区与农民之间的关系通过订立抵押担保、商险、反担保等合同、合约体现服务关系（图7-2）。

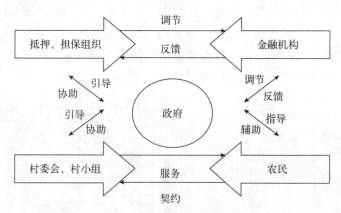

图7-2　农地经营权抵押融资多元主体关系

（3）合作运行机制。 多元主体要形成合作治理网络内各主体的良性互动和有效合作，应通过新的合作结构、流程、资源等调整相互关系，建立有效的合作机制，通过社会机构、政府、市场等联合运作，达到提升农地抵押融资效果的目的。建议利用下列机制的构建来保障多元主体之间的合作是可行的。

首先，分享和协商机制。由于信息不对等原因，各主体之间掌握的资源是不同的，要想实现彼此之间的合作达到共同目标，则需要在主体之间通过交流、商榷等方式实现资源的优化配置。其次，驱动和保障机制。一方面，政府利用激励方式激发农地抵押融资的各个主体积极响应业务，引导合作意识，并通过良性竞争如招标等方式促进多元主体资源分配。另一方面，多元主体通过相互承认、承诺和依赖来保障合作，从而增进多元主体间的信任关系。再次，调节和监督机制。既要通过协调的方式解决参与主体间因自身利益诉求而引起的不合作，也要采取协商、仲裁等法律程序解决他们之间由于违约、违规等行为引起的矛盾。同时，要做好各主体的自我监督和互相监督，以及建立专门的监督组织，从而更好保证目标的实现，进一步实现效果的提升。

7.2.2 健全风险分担机制

通过前文分析发现，由于农地经营权抵押融资风险分散及补偿基金制度有待于进一步健全，农地抵押融资供给主体在提供产品服务过程中，面临着农户信用风险带来的经营风险。同时，作为供给主体的金融机构在风险控制和补偿机制方面发展的滞后，使得金融机构经常会采取选择式、象征式等执行方式来开展和推进农地抵押融资，必然会导致融资规模发展滞缓、增速不明显、融资结构不合理等现象的发生。为此，健全和完善农地经营权抵押融资风险分散和补偿机制，对于消除供给主体的经营后顾之忧，激活农村金融市场，进而促进对农地抵押融资可持续发展，保障实施效果的提升具有重要的意义。本书从四个方面来健全农地经营权抵押融资风险分担途径（图7-3）。

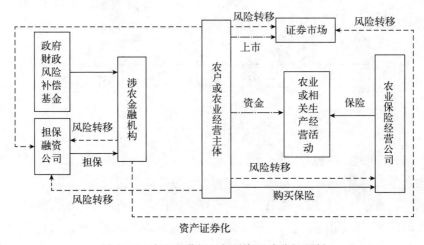

图7-3 农地经营权抵押融资风险分担机制

(1) 完善财政参与融资风险补偿。目前，我国农地抵押融资风险补偿的方式以政府的财政风险补偿基金为主，辅以其他形式的补偿方式。但是纵观试点的实际情况，政府设置的补偿基金多是束之高阁，只在风险发生后给予补偿，缺少风险发生前的管理办法。因此，一方面，按地方财政预算的一定比例设定绩效奖励，如果某一地区融资风险的工作做得到位、有效，那么就从政府风险补偿基金中拿出一定比例给予奖励，这样不仅让供给主体消除经营风险的隐忧，也充分发挥政府激励手段，促使供给主体间开展有序竞争。另一方面，按地方财政的一定比例设定融资利息补贴和税收减免等经济手段，降低融资的条件，调动融资供给主体的意愿和响应。同时，对于由于不可控因素导致的需求主体违约而形成的融资损失，政府也要给予一定的补偿，充分发挥政府在农地抵押融资风险管理中的主导作用。

(2) 健全担保融资体系。金融担保体系是农地抵押融资风险的有力支撑。为此，担保机制介入到现有运行模式中来，可以增强农地抵押融资供需主体之间的信任，消减资金供给主体融资发放的顾虑，也能降低农村资金需求主体的融资压力。具体而言，这种市场化的风险分担形式，可以让相关担保组织参与到农地抵押融资需求主体的借贷行为中来，通过收取一定的费用，在风险发生后，他们与融资供给机构按合同约定的份额一起面对农地抵押融资的风险损失。这种担保机构介入的市场化运行方式，可以充分体现多元主体在农地抵押融资中的重要资源优势。

(3) 创新农业保险险种。农业保险是农地抵押融资风险的有益补充。针对农地经营权抵押融资业务的保证保险应让农户接受并购买。由于自然因素的不确定性常常带来农业生产的高风险，同时农地经营权融资又是一种特殊的金融产品，如果农户违约就将面临失去土地的危机。为此，融资需求主体应该通过新设立的险种——农地抵押融资担保保证保险来提高抵御风险的能力，而融资供给主体应该发挥该险种在开展农地抵押融资中的风险分担功能，为降低需求主体因不可抗力造成的违约行为，应在申贷时就要求其购买此险，并清晰写明受益人是融资供给主体，通过将风险转移给保险机构，来实现风险补偿和分担的目的，确保融资的安全。

(4) 创新金融渠道——证券市场。通常情况下，提到分担农地抵押融资风险，一般会联系到政府主导、担保支撑、机构管理、保险补充，但是除此之外，还可以通过引入社会资金进入证券市场用风险分散出去的方式来实现。为此，资产证券化就是一种创新的农地抵押融资风险分担途径。融资供给主体利用手中的农地抵押融资合同，将其设定为证券资产流转到市场中去，将经营风险转移到证券市场中去，有效地避开农地融资的高风险，达到风险转移的目的。

综上所述，本书认为应建立财政、银行、担保、保险公司、证券市场合理分摊农地经营权抵押融资风险比例的机制，改变目前主要靠政策财政风险补偿风险损失的单一做法，发挥多元风险分担机制，实现农地抵押融资的预期效果。

7.2.3 优化融资运行模式

从前面的阐述可知，我国农地经营权抵押融资的模式分为直接抵押模式和间接抵押模式。但无论哪种模式都可以归纳为是以政府主导型为主。在农地经营权抵押融资的起步阶段政府主导推动模式起到了很好的效果，但是政府对农村土地产权抵押融资的支持不能完全取代融资交易双方的市场主体地位，农地抵押融资模式仍需要坚持市场化经营，可以增强政府监管力度，但应减少政府行政干预，尽量避免发生逆向选择等问题。在农地经营权抵押融资试探和确定期，需要政府大力干预，目前进入推进发展阶段，再依靠政府的强制力已经无法适应抵押融资业务的进一步提升，农户积极参与以及金融机构供给意愿和行为是实现农地经营权抵押融资预期的关键。因此，提出坚持"市场参与政府支持相结合原则"的基础上来优化农地经营权抵押融资模式，即"金融机构供给推动以及农户需求推动为主，政府供给推动为辅"模式的构想（图7-4）。

（1）**政府引导规范化发展。** 在此阶段政府应运用经济、法律等手段引导涉农金融机构的规范化发展，不能一味依靠行政的过度干预。首先，政府对初期经营农地经营权抵押融资供给业务的农村金融机构给予一定的财政补贴、减免税收等政策激励，调动各资金供给主体为需求主体供给融资业务的意愿和响应。其次，政府要规范法律法规，降低由于农地抵押品的特殊性而带来的观望态度。再次，政府要不断规范社会信用环境，降低由于信息不对称而带来的信贷风险和融资成本的增加。综上所述，政府做好引导规范工作，能够提高供需主体的融资意愿和响应行为以及降低风险的发生概率，从而实现农地抵押融资效果的提升。

（2）**提升市场机制的作用。** 初期的农地抵押融资靠政府的强制性手段可以达到推进的目的，进入发展期后，就需要发挥市场主体的作用来推动业务。要

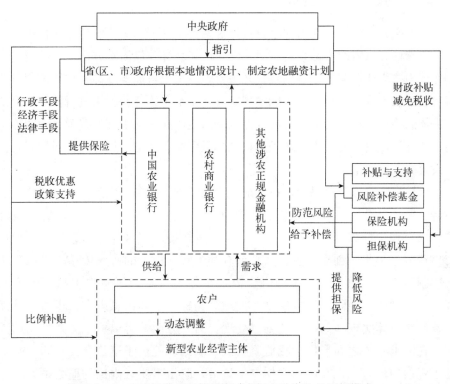

图 7-4 农地经营权抵押融资"市场+政府"的运行模式

想实现以农地抵押融资供给主体推动、需求主体拉动为主的运行模式，需要引入市场化元素，提升供需双方的行为意愿和响应行为。为此，一方面，引入第三方评估机构。抵押的前提是评估的公允价值，因此必须建立独立于买卖双方的第三者来对农地资产予以评估，公允的评估值有利于提高供需主体的积极性，进而提升农地经营权抵押融资效果，扩大农地经营权抵押融资的试点推广。另一方面，推进市场的良性竞争机制。一个活跃有序的市场有利于农地抵押融资产品的创新。对于供给主体而言，基于从众心理来说，竞争对手越多，供给主体就越会认为农地抵押融资市场具有广阔的发展前景，就会通过完善产品来提高组织经营水平，进而大力响应政策，为此要发挥政策性银行和商业性银行共同参与的竞争优势，提升贷款的积极性。金融机构的积极参与和反馈更有利于优化"政府+市场"的融资运行模式，有利于政府从顶层设计上完善政策，从而提升金融机构维度的农地抵押融资实施的效果。

7.2.4　创建融资监督制度

由前文分析可知，在农地经营权抵押融资条件下，由于农地经营权用于抵押的特殊性和供需双方信息的不对称性，可能会导致供需双方出现违约或违规操作行为。为此，需要创建信息公开平台，尽最大可能实现信息均等，同时还需要创建监督系统，尽最大可能实现对融资供给主体经营行为进行监督和对供需主体的违约违规行为进行规制，保持供需主体在农地抵押融资运行中的透明化、公开化，并以此促进农地经营权抵押融资朝着稳定、规范的方向发展，提高政策的实施效果。

（1）搭建信息公开平台。在农地经营权抵押融资中，农户与金融机构、农户与农户、农户与信贷员、金融机构与其信贷员，他们之间信息是不对称的，农户和信贷员都具有私有信息，金融机构要掌握这部分信息就需要增加交易费用，为此，创建信息公开平台有利于实现信息的有效传递，进而实现互相制约。一方面，可以帮助融资需求主体更清晰地了解农地抵押融资政策、产品利率、期限、融资额度、违约惩罚等一系列信息内容，也可以帮助融资供给主体实现违约后农地处置变现。另一方面，可以形成有效的制约效用，在需求主体之间形成互相监督机制，制约彼此由于道德层面缺陷而造成的主观信用风险，也在供给主体（信贷员）队伍里实现内部的监督抽查，一旦发现违约操作，不论是融资前、中、后哪个环节，都将对其进行惩罚，以此制约信贷员道德风险的发生。总而言之，无论是需求主体之间、信贷员之间，还是需求主体与信贷员之间形成的互相监督，都是为了制约彼此之间的不合规行为。

（2）建立监管体系。现阶段，我国从顶层设计上没有形成对农地抵押融资监督与管理的专门部门，主要是与一般信贷产品一样统一由银监会来承担此项监督工作，然而农地抵押融资有诸多的特殊性，其正常推进往往涉及多个部门和机构之间的联动关系，因此，在监管上容易出现漏洞。为此，如图7-5所示，目前在农地抵押融资还未发展成熟的阶段，可以通过政府联合银保监会、国土资源管理、农业等部门建立农地抵押融资监督体系，同时，明确界定体系中各主体的职责，对政府、信贷员、需求主体、供给主体、融资产品等进行监督，制约其不良行为发生。待农地抵押融资发展成熟后，还是需要国家从顶层设计上成立专门且独立的监管部门监管农地抵押融资。

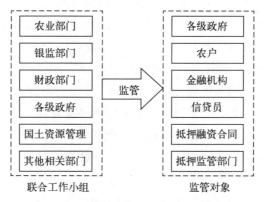

图 7-5 农地经营权抵押融资监管体系

7.3 具体措施

7.3.1 促进农地经营权抵押融资立法与地区实施细则出台

根据前面的分析,现阶段农地经营权抵押融资的供需主体不愿意响应此业务的重要原因之一是目前农地经营权抵押融资法律法规不健全,可以说其影响了农地经营权抵押融资的落实和开展,建议加快农地经营权抵押融资立法进程和出台地方实施细则,来增强供需主体参与融资的行为保障,进而提升农地抵押融资实施效果。

(1) 加快农地经营权抵押融资立法进程。农地经营权抵押融资的实施与开展是一个复杂的系统工程,涉及多方主体。农地经营权抵押融资法律的颁布与实施能够有效调整主体关系,规范和约束农地经营权抵押融资主体的行为,是农地经营权抵押融资政策顺利开展的有力保障。尽管国家在 2016 年出台了《农村承包土地的经营权抵押贷款试点暂行办法》,然而暂行办法中还有很多的重要权责并未清晰阐明,在现实操作过程中仍然存在着各种争议。为此,应该实现暂行办法向法律法规的转变,要首先制定和出台农地抵押融资基本法律,将涉及农地抵押融资的具体内容进行详细界定和说明,尽快实现法的效力,这样健全的法律保障有利于提高各方利益主体融资的行为意愿和响应积极性,也有利于提高农地抵押融资实施效果,保障其健康推进。

(2) 出台黑龙江省农地经营权抵押融资实施细则。法律的制定不是一蹴而就的,需要权衡各地农地抵押融资推进情况,在结合各地农业和经济发展水平的情况下，经过正规程序等待最后出台。为此，各地应该在暂行办法的基础上结合自己特色，颁布农地抵押融资地方实施细则，来规范本地区农地经营权抵押融资发展，充分发挥农地经营权抵押融资政策在"三农"中的作用。目前《黑龙江省农村承包土地的经营权和农民住房财产权抵押贷款试点实施方案》没有对具体如何实施以及各地区的工作安排进行指示，只用一些概括性的规则阐述了制度内容。为此，要实现各地的农地抵押融资预期目标，解决需求主体一直困扰的信贷资金短缺问题，推进规模化现代化农业进程，必须出台实施细则。从政府维度来说，实施细则可以制约各级政府的行为；从需求主体维度来说，实施细则可以保障其融资需求得到满足，根本利益得到保障；从供给主体维度来说，实施细则可以确定农地抵押融资的监管机构，为其提供政策性保护。综上所述，地方性农地抵押融资实施细则可以维护和制约各方利益主体的行为，整合农村资源，推进现代农业快速发展。

7.3.2 加大政府农地经营权抵押融资支持力度

政府既是农地经营权抵押融资的政策供给者，也是政策顺利实施和健康运行的监督管理者。政府通过法律、行政、经济、社会等方式手段，一方面激发需求主体的有效需求，激发供给主体的供给意愿和行为；另一方面通过规制供需主体的行为来实现农地经营权抵押融资的效果。由此可见，政府在农地经营权抵押融资过程中作用显著，要合理定位其职能，加大支持力度保障农地经营权抵押融资顺利开展，从而进一步提升效果。

（1）**加大政策支持力度**。各级政府制定并实施的农地经营权抵押融资办法、税收优惠政策等相关政策，将会直接影响农户的需求行为和金融机构的经营与发展，关系到后续业务能否顺利开展；同时，政府发布的文件和方针可以对金融机构开展农地经营权抵押融资业务指引方向，如财政贴息政策、拓展农地经营权抵押融资产品种类政策等。因此，要不断更新完善农地抵押融资管理办法，加大相关配套支持政策的健全力度，给予供需主体以政策上的保障，减少其开展业务的后顾之忧，从而提升其意愿和响应行为，并实现风险的规制，从而保障农地抵押融资顺利进行。

（2）**明确监督管理职能**。政府对供需主体依据法律法规、行政制度等进行监管，能够提高农地抵押融资资金的有效使用效率，保护供需主体的合法权益，进而规避在农地抵押融资执行过程中可能出现的违规违约等负面问题。但是由于现行法律规章制度等方面的先天缺陷使得政府监管出现效率低下、管理混乱等情况，一定程度上破坏了农地经营权抵押融资的正常秩序。面对如此情况，政府应该合理界定监督管理范围，明确监管职能，制定监管规范，落实监管部门等发挥其监管的作用，对农地抵押融资过程中出现违约、违规、违纪等行为进行严格的规制。

(3) 扩大财政补贴范围。 金融机构在农户由于主客观原因违约无法偿还贷款的情况下，对农地处置可能会产生时间的滞后性，并由此产生一定的损失，而供给主体面对出现的此类风险会对这一创新产品的推进采取观望或者不积极的态度，这样不利于农地抵押融资实施效果的实现，所以政府对于这部分损失要对供给主体给予一定的经济补偿；同时，对于农户因自然原因带来的违约无法偿还融资的情况，也应该对需求主体的农业生产作物提供财政补贴，如扩大政策性保险的承包额度和区域、给予还款降息、免息等补贴。

(4) 加强信息的提供能力。 农地抵押融资信息数据库包括需求主体的基本信息、融资参与率、续融率、信用等级、违约行为，以及农地抵押融资供给主体的融资开展区域、融资的放贷规模、放贷结构、经营水平等信息，对于上述信息应将其全部纳入信息数据库，并在每一个融资期间依据实际情况的变动来及时完善信息的更新工作。信息数据库的建立，从政府维度来看，能够依据农地抵押融资实施的现状，进行纠正偏差，提出更加健全的配套设施及政策的完善；从金融机构维度来看，能够通过对产品利率、期限等方面的优化设计以及经营情况的专业分析，提出风险规避的方法；从农户维度来看，能够了解农地抵押融资的开展情况、风险规制情况，消除其失地的后顾之忧，激发融资积极性；从学者角度来看，能够帮助学者们对农地抵押融资进行更深入的研究，提出更加合理化的建议。

7.3.3 激发农地经营权抵押融资有效需求

针对现阶段农户对农地经营权抵押融资认知不足、农户融资意愿和响应行为不强等对农地经营权抵押融资实施的影响，提出扩大农户对农地经营权抵押融资知晓度，扶持农户规模经营，增强农户融资意愿，从而提高农户融资响应行为，进而提升效果。

(1) 扩大农地经营权抵押融资知晓度。 农地抵押融资是针对农村资金需求主体——农户农业生产资金难以满足而提出的创新业务，农户的有效需求是该业务的关键。然而基于本书对黑龙江省实地调查发现，虽然大部分农户存在较强的信贷需求，但是调研样本中只有 50.06％的农户对农地抵押融资有一定的了解，即使达到半数以上的知晓度，可是这个数字比例并不理想。为此，应该加强农地抵押融资在农村广大区域的宣传力度。通过调研发现，目前农户获得农地抵押融资信息的途径较为单一，大多数人认为应该是通过基层政府机构来获得农地抵押融资。为此，上级政府要通过推动基层政府机构、发动基层干部深入乡村农户等不同的途径来扩大农地抵押融资的宣传，让农户知晓农地抵押融资的融资程序、融资利率等详细内容，扩大融资宣传覆盖区域、提高农户对相关融资制度的了解程度，进而提高农户的响应行为。除了提高基层政府的宣传力度，还应该加强金融机构深入农村进行金融知识扶贫业务宣传讲解，从知识的角度强化农户对农地抵押融资的知晓，同时可以发挥从众效应，让得到大家信任的村民进行宣传，调动更多的村民参与进来的同时也可以降低金融机构的费用。此外，金融机构可以根据不同的农户生产规模、信息渠道、性别、学历等特点使用不同的方式让其了解，这样能提高农户做出理智的响应选择，进而提高农地抵押融资实施效果。

（2）培育农户的规模经营。 从调研中可知，有农地抵押融资意愿的农户生产规模集中在 11～40 亩之间，可见生产规模直接影响其对融资产品的积极性和响应行为。随着生产规模越大，其对融资需求越强烈，从而更愿意继续增加生产规模以提高收入水平，继续参与融资。同时，金融机构一方面基于风险因素的考虑，大规模土地更容易流转出去，所以更愿意为生产规模大的农户发放贷款；另一方面基于规模经济的考虑，大规模生产容易形成规模效益，使收入增多，进而减少违约行为产生。为此，政府应该推进农地流转促进规模化生产，同时，大力吸引新型农业经营主体参与农地抵押融资行为，设计出适合新型农业经营主体需求的融资产品。

7.3.4 提升农地经营权抵押融资供给能力

在前面提到的有关目前农地经营权抵押融资对供给主体影响的实证中可知，金融机构之所以对农地经营权抵押融资供给意愿不强，主要是源于金融机构产品设计不够合理、金融主体经营行为有待提高、实施过程中信贷员的违规操作行为等影响农地经营权抵押融资落实的现实情况，建议创新产品业务升级、提升服务水平等办法来增强金融机构供给意愿，从而提升金融机构融资响应，进而促进效果的提升。

（1）创新产品业务升级。 根据笔者之前的调查得知，约有 56.52% 的农户认为当前农地经营权抵押融资产品设计不够合理，不能满足生产需求，农地经营权抵押融资政策对金融机构贷款产品的影响程度不高，所以建议应不断加大对产品创新的政策倾斜力度，不断鼓励业务升级与创新。

① 设置分档额度。在现有农地经营权抵押贷款额度、利率、期限的基础上构建多层次的业务体系，以满足不同农户的需求，从而提高农户的参与热情。目前，虽然政府和相关金融机构出台了一系列办法措施，但是效果并不理想，农户并没有将农村土地产权抵押融资的功能充分利用，究其原因，融资额度提高了农户的融资成本是重要因素之一。因此，本书建议提高贷款额度，设置低档与高档额度的差距，每年要根据生产成本、现行市价、本地政策等来调整不同档次融资额度，以实现农户的有效融资需求。

② 创新偿还方式。建议创新贷款偿还方式，在现有农地抵押模式的基础上依据本地的现状，以农地抵押融资期限为基础来划分融资偿还方式。本书在前面章节的论述中已明确了目前黑龙江省农地抵押融资期限通常分为三个层次，即1年（含1年）、1～3年（含3年）和3年以上。那么，针对1年期的融资，设置一次性到期偿还本息的办法；1～3年期的融资，设置到期后可以选择一次性或者分期偿还本息的办法；3年以上的融资，设置到期之后以三种形式偿还，即一次性、部分、分期偿还等。除此之外，各地区还应该依据本地的农地抵押融资发展规模、结构以及当地供需主体的响应情况，设计出根据不同生产规模、经营方式、贷款用途、信用等级等能够满足多层次农户融资需求的融资偿还方式。

③ 实行差异化利率。建议实行差异化利率，提高金融机构供给意愿。前面提出金融机构设计产品利率时要基于农地抵押融资的政策性和自身营利性双重目标，在微利原则下，应用成本加成定价模型的成本、利润、风险和其他因素来确定数值。这个数值并不是固定不变的，需要在本地统一信贷利率上下调节，实行差异化利率。通常情况下，依据本地农地抵押融资的期限和用途来设计利率。一般而言，利率与期限和风险呈正向影响关系，如果农地抵押融资利率高于普通信贷利率，则需要政府对农户进行财政贴息。这种灵活设计的融资利率不仅可以减少农户因高利率带来的不响应行为，也能够有效保障金融机构的收入，提高其对融资供给的响应行为。

(2) 提升服务水平。 首先，农地经营权抵押融资这一创新业务的问世，对专业知识和实际经验均有较高的要求，需要对金融机构工作人员根据其岗位和性质有针对性地进行培训，帮助其提高技术知识和业务能力，从而更好地开展农地经营权抵押融资业务，防止操作风险的出现。其次，要深化对农户的服务管理，更新服务理念、提升服务质量，针对不同农户需求提供精准化农地抵押融资服务方式，提高农户的满意度。再次，要使用大数据、电子信息等方式发布融资条件、管理办法、风险预防与评估等信息，并通过互联网接受农户的信息反馈，以实现服务升级。

8 | 农地经营权抵押融资相关 需求主体行为研究

本章内容间接地论证了农地经营权抵押融资对农户土地转出意愿的影响，通过元分析方法进行实证研究，结论表明，黑龙江省日渐完善的土地流转政策以及地方政府的大力宣传对农户土地转出意愿的调节作用愈发强烈。新型农业经营主体具有新理念、新方法，掌握新的农业生产技术，具备规模经营的条件，在推进农村地区经济发展中应发挥主体作用。为此，新型农业经营主体在农地经营权抵押融资过程中成为创新产品的青睐者，因为培育更多的与农村地区经济转型升级相符合的新型农业经营主体是当务之急，也间接地论证了农地经营权抵押融资对农地转出和新型农业经营主体的培育有积极的影响，同时也体现了新型农业经营主体对农地经营权抵押融资实施效果的促进作用。

8.1　农户土地转出意愿影响因素实证研究

8.1.1　概述

改革开放以来，我国经济社会发展突飞猛进，工业化水平明显提升，逐渐摆脱了以农业生产作为经济主要支撑的传统发展模式，逐步过渡到以工业反哺农业的发展轨迹。民以食为天，农业自古便是人类生存及社会发展的支撑，随着城市化进程加快，农村劳动力逐渐流向城市，从事农业生产的劳动者逐渐减少，导致农村地区的农业生产力后劲不足，更面临着农业生产效率不高、土地撂荒、农药化肥利用率低以及土壤肥力不足等生态问题，严重制约了农业现代化发展，改变传统农业生产模式以满足当前社会发展需求。农业规模化生产是农业现代化进程中的重要一环，也是合理利用土地资源，提高农业生产效率的主要途径。由于我国采取的是家庭联产承包责任制，一家一户的农业生产方式仍占主体作用，因此，促进土地流转以实现农业的规模化生产是适应市场经济发展的内在要求，通过优化土地资源在不同经营主体之间配置，实现适度规模经营，以此提高农业生产效率。长期以来，土地便作为农民收入的直接来源，是农民的根本利益所在，而土地是否转出是建立在农户转出意愿基础上的。因此，必须基于农户对土地转出的认知程度和具体态度，在尊重农户意愿的基础上解决农业问题和促进土地流转。

关于土地流转中影响农户转出意愿影响因素的研究已成为农业规模化生产中的热点话题。耿飙等基于云南省大理白族自治州395个农户参与洱海流域土地转出意愿的实证研究，按照程度排序如下：农户对国家土地流转政策的态度＞农户对过量使用农药化肥的危害认知＞户主的年龄为农户土地转出意愿的影响因素。范乔希等从农户家庭特征、收入特征、承包地情况等七个方面对丘陵区农户土地流转意愿的影响因素进行实证分析，结果表明：农户劳动力和家庭人均收入对土地转入的影响显著，承包地块数、社会保障情况对转出影响较显著。郭会程等对河南省非粮食生产核心区农户土地转出意愿及其影响因素进行实证分析，结果表明：非粮食生产核心区农户整体土地转出意愿偏低，耕地面积、家庭中外出打工人数和土地租金水平等因素对非粮食生产核心区农户土地转出意愿均有显著影响，并由此提出针对性的政策建议。由于以往研究多是基于农户实地调查的描述性统计分析，所用方法多为Logistic模型，且样本数据多来自省内农户调查，样本量偏小，不具有普适性，同一影响因素的研究结论可能有偏差。该文基于元分析方法及现有研究成果，对其进行重新评估，旨在通过对农户土地转出意愿的影响因素进行实证研究分析提升农户土地转出意愿的途径，从而推动土地流转和农业规模化生产。

8.1.2 研究区概况与数据来源

1. 研究区概况

黑龙江是我国重要的粮食主产区，拥有丰富的土地耕作资源，主要种植水稻、玉米、大豆、小麦等农作物，耕地面积1 593万公顷，人均耕地面积0.31公顷，两项数据均居全国首位。居民家庭经营耕地面积和户均耕地面积均高于全国平均水平，在农业现代化进程中具有实现规模经营的先天优势。黑龙江总土地面积为47.3万公顷，其中农用耕地面积39.50万公顷，占全省土地总面积的83.5％。2014年，黑龙江有1 650公顷土地转入农户，有18 363公顷土地转入农民专业合作社，粮食产量连续7年居全国第一位。2017年，黑龙江省良种覆盖率、农业耕种收综合机械化水平、粮食产量继续保持全国首位。粮食调出量占全国的1/3，对保障国家粮食安全有重要意义。

土地转出是土地流转的必要条件，是实现规模经营和农业现代化的重要一步，其对生产要素进行优化配置、成本降低的同时提高了土地产出率。2015年，全国土地流转面积 2 953 万公顷，黑龙江省土地流转比例远高于全国平均水平，其农业综合机械化率、科技贡献率均高于全国平均水平。作为农业大省，黑龙江在探索农业规模化生产和现代化的道路上具有引领作用。该文基于黑龙江省农户土地流转现状对其影响因素进行研究，旨在通过提升农户土地转出意愿途径提升生产能力。

2. 数据来源

该文研究数据源自：①黑龙江国民经济和社会发展统计公报（2010—2016年）。②黑龙江省统计年鉴（2010—2016 年）。③黑龙江省人民政府工作报告。④CIKN 数据库、万方数据库和维普数据库。

8.1.3 研究方法

由于研究中采用的方法和研究条件等各不相同，因此针对农户土地转出意愿的研究较多的情况下，同一研究主题也会出现不同的研究结果，而元分析作为一种定量的文献研究方法，具有客观量化标准、提高统计效度，从而获得新发现。通过对相关文献中的统计指标利用相应的统计公式进行重新统计分析，可确保结论的科学性、客观性和真实性，具体步骤如下。

1. 选取研究样本

由于研究对象的特殊性和复杂性，结合黑龙江省土地流转现状，在确保数据可得性的原则上，对黑龙江省农户土地转出意愿进行实证研究。基于 CIKN 数据库、万方数据库和维普数据库，搜索 2000—2017 年关键词为"土地流转""农户土地转出影响因素""农户土地转出意愿"且研究区域为黑龙江省的所有文献，筛选要求为：①必须是对农户转出意愿的实地调查而进行的计量分析和量化实证研究。②因变量须是土地流转意愿。③研究结果既要包括系数估计，也要包括标准误，且各研究样本间必须是独立的。最后纳入元分析的关于农户土地转出意愿的原始文献 37 篇，根据统计理论，研究效应值抽样分布服从抽样方差已知正态分布，因此农合土地流转意愿研究样本符合元分析基本条件。通过总结农户土地转出意愿以农户个人特征、农户资源禀赋、农户所处环境特征和政策及生产特征四个层面来分析黑龙江农户土地转出意愿的影响因素。

2. 汇总效应值的计算

汇总效应值是综合加权以往研究结果的效应值并计算合并后的平均统计量

得到的，以便得出一致性结论。计算步骤为：①为确保不存在出版偏倚问题，需进行效应值检验。②通过对研究样本进行筛选，对其研究结果的效应值进行综合加权处理并计算平均统计量得出一致性的结论。③固定效应模型和随机效应模型中分别采用系数估计值的方差和系数估计值的方差与随机效应的方差之和。

统计文献采用的是 Logistic 模型，其研究结果包括系数估计以及标准误，或者是 Z 值、Wald 值、P 值等可以转化为标准误的指标。汇总效应值计算公式为

$$\overline{ES} = \frac{\sum\limits_{i=1}^{k}(wiESi)}{\sum\limits_{i=1}^{k}wi} \qquad (8-1)$$

公式 8-1 中，效应值 ES_i 选用系数估计值，对单位不统一的连续变量选用发生比，方差的倒数为 wi。

3. 同质性检验

利用系数估计值，对汇总效应估计的准确性进行检验，得出 95% 的置信区间

$$[\overline{ES}-1.96 \times SE(\overline{ES}), \overline{ES}+1.96 \times SE(\overline{ES})] \qquad (8-2)$$

公式 8-2 中，$SE(\overline{ES}) = \dfrac{1}{\sqrt{\sum\limits_{i=1}^{k}wi}}$ 是汇总效应值的标准误。

卡方检验主要根据效应值总体平方误差来计算服从卡方分布的 Q 统计量，当 Q 值超出了对应自由度及 95% 置信度的卡方值，则表明研究间存在异质性。通过检验以往研究结果之间的同质性来决定最终选用随机还是固定效应模型进行计算。计算公式如下

$$Q = \sum_{i=1}^{k}wi(ESi-\overline{ES})^2 \qquad (8-3)$$

公式 8-3 中，Q 服从 $x^2(k_i-1)$ 分布，其中 k_i 表示第 i 个效应值的数目，若 Q 值小于相应的卡方临界值代表汇总效应值相对应的总体具有同质性，可采用固定效应模型，相反应采用随机效应模型并进一步探索主效应的调节变量。

4. 调节效应分析

该研究将理论分析和同质性检验结合来双重判断黑龙江省农户土地流转意

愿调节变量的存在性，以探究两个变量的关系在不同研究中存在异质性的原因，调节效应是交互效应的一种，是有因果指向的交互效应，其一般不受自变量和因变量的影响，但可影响自变量和因变量。因此，运用SPSS22.0软件，以效应值为因变量，调节变量（性别、年龄、文化程度等）为自变量进行回归分析探究黑龙江省农户土地转出意愿的影响因素的调节效应，从而筛选出导致土地流转意愿异质性的影响因素。

8.1.4 结果与分析

1. 影响农户转出意愿的主效应分析

通过全面检索相关文献，按照元分析的方法和步骤，并充分考虑研究对象、研究方法、测量指标等对分析结果影响，在此基础上严格评价所选文献，并对其结论进行定量合并。通过借鉴前人研究将土地转出意愿的主效应分析中效应值个数的最小值设为5，最后归入主效应分析的黑龙江省农户土地转出意愿影响因素有14个，总结归纳为农户个人特征、农户资源禀赋、农户收入环境和政策及生产特征4个大类。农户土地转出意愿影响因素的主效应分析如表8-1所示，在农户个人特征中，农户年龄对流转意愿的影响显著为负。由于人口老龄化加剧，农村老人对土地的情感要强于年轻人，且对国家的土地政策以及农业现代化的接受较慢，年轻人多外出打工，造成土地资源利用率不高。从表8-1可以看出，农户的受教育程度和性别对土地转出意愿的影响显著为正，加上农业生产费时费力且收入较低，而男性多外出打工，对新鲜事物的接受能力强于女性，因此男性的转出意愿要强于女性。文化程度高的农户，对国家农业政策较为了解，因此非农就业机会较多。在农户土地资源禀赋特征中，农户人均纯收入对土地转出意愿的影响和耕地面积对土地转出意愿的影响的发生比均大于1，由于人均纯收入反映了农户富裕程度和从事收入水平较高的非农职业的比重，而耕地面积越大的农户越易形成规模经营，农业收益占比也较大，由此说明土地转出的发生率在人均纯收入高和耕地面积较多的农户中相对较大。在农户收入环境特征中，非农收入比重对土地转出意愿的影响显著为正，说明农业收益对家庭经济来源的贡献值较低，农户的种粮积极性不高。在政策及生产特征中，是否签订土地流转合同对转出意愿的影响显著为正，反映出合理有效避免农地纠纷是促进农户土地转出意愿的重要因素。

表 8-1　农户土地转出意愿影响因素的主效应分析

序号	影响因素变量	测量方式	汇总效应值	95%置信区间	效应值（K）	统计量（Q）
	农户个人特征					
1	年龄	定序	−0.365	（−0.714，−0.028）	16	3 172.651
		连续	0.004	（−0.031，0.034）	16	57.006
2	受教育程度	定序	0.700	（0.305，1.073）	37	1 728.924
		连续	0.035	（0.009，0.067）	6	8.364
3	性别	虚拟	0.369	（0.357，0.386）	10	12.106
	农户资源禀赋					
4	农户家庭人口规模	连续	0.233	（0.028，0.483）	14	28.413
5	农业劳动力人数	连续	0.135	（0.139，0.378）	15	41.326
6	人均纯收入	定序	1.245	（0.307，0.359）	5	0.174
7	耕地面积	连续	1.532	（0.732，2.356）	11	11.556
	农户收入环境					
8	与城镇距离	连续	0.923	（0.556，2.383）	5	0.055
9	非农收入比重	定序	0.527	（−0.081，1.124）	6	18.770
		连续	1.532	（0.833，2.376）	15	155.900
10	恩格尔系数	连续	0.029	（−0.015，0.078）	5	4.254
	政策及生产特征					
11	是否签订土地流转合同	虚拟	1.736	（0.252，3.235）	7	17.660
12	承包土地数量	连续	−0.117	（−0.267，0.016）	6	7.852
13	土地依赖性	定序	0.653	（−0.543，1.655）	5	10.288
14	社会保障	虚拟	0.466	（0.084，0.857）	13	35.693

2. 转出意愿调节效应分析

　　农业现代化进程中，土地流转是提升农业生产效率的关键，由于我国实行的是家庭联产承包责任制，这对当时的农业生产效率具有重要提升，而随着经济社会发展，农业现代化成为发展趋势，在时间轴上土地流转成为农业规模化生产的重要一环，而关于土地流转的研究自 1984 年中央 1 号文件《关于一九八四年农村工作的通知》中首次对农地产权可转让性有所体现后持续至今。中央通过不断完善土地政策来鼓励和激活土地的市场流转和市场活力，从而促进我国农业现代化发展，而政策调整与农户的主观决策间的对峙博弈，使研究农户土地转出意愿影响因素的研究成为推动土地经营权规范有序流转的关键。在农业现代化的大跨度发展背景下，农户土地转出意愿的影响因素在不同的时间节点上有不同的表现形式，随着国家日渐完善的土地流转政策，其对农户土地转出意愿的调节作用越发强烈。表8-2为时间点调节效应分析结果，结合同质性检验，从中可以看出，影响农户土地转出意愿的诸多因素都受潜在变量的调节，其影响程度也会受时间点的调节影响，通过将2018年与研究年份之差进行元回归，从表中可以看出，时间点对受教育程度和年龄影响农户土地转出意愿程度的调节效应显著为正，结合主效应分析可以看出，随着时间的推移，政策的过渡与完善对农户受教育程度较低和年龄较大的农户的土地转出意愿的影响在逐渐加强。

表8-2 时间节点的调节效应

序号	影响因素	测量方式	调节系数	正态函数数值（P）
1	年龄	定序	-0.032	0.743
		连续	1.458^{**}	0.036
2	受教育程度	定序	0.328^{**}	0.052
3	非农收入比重	定序	-0.337	0.140
		连续	1.452	0.244
4	农业劳动力人数	连续	-0.012	0.962
5	农户家庭人口规模	连续	-0.121	0.628
6	社会保障	虚拟	0.084	0.700
7	是否签订土地流转合同	虚拟	-0.322	0.536

注：** 表示显著水平在 0.05。

8.1.5 结论与讨论

1. 结论

通过对黑龙江省农户土地转出意愿影响因素进行实证研究，并结合元分析方法的具体应用得出如下结论：①基于主效应分析发现，农户土地转出意愿的影响因素主要有文化程度、年龄、性别、人均纯收入、耕地面积、非农收入比重以及是否签订土地流转合同。其中，农户年龄在土地转出意愿中的影响显著为负，有阻碍作用。②农户人均纯收入和耕地面积对土地转出意愿的影响显著为正，具有促进作用，说明土地转出的发生率在人均纯收入高和耕地面积较多的农户中相对较大。③政策的过渡与完善对受教育程度较低和年龄较大的农户的土地转出意愿在逐渐加强。

2. 讨论

土地流转是农业现代化进程中必须经历的阶段，是实现农业绿色、高效、集约化的关键，通过基于黑龙江省为实证的农户土地转出意愿的影响因素分析，并结合我国农业现代化发展现状以及土地流转政策特征探讨提升农户土地转出意愿的途径。由于受所选研究区域、研究方法以及研究视角等因素的影响，现有关于土地流转的研究在结论上存在一定差异，该文基于元分析方法对现有文献进行定量分析，探寻土地流转中普遍存在的影响因素之间的共性。从所得结论与定量文献研究结论进行对比发现，其共性结论包含文化程度、年龄、非农收入比重等方面依旧是影响农户土地转出意愿的主因，而不同之处在于时间节点处的政策过度对农户土地转出意愿的影响，而这个影响是一个逐渐加深的过程。由于农户土地转出意愿的影响因素受国家政策法规、经济发展水平以及社会发展水平的影响，处于动态的变化过程，该文在数据获取方面存在误差，今后的研究应重点从多个时间节点上的农户土地转出意愿的影响因素进行研究。

基于上述黑龙江省农户土地转出意愿实证分析，可通过如下途径来提升农户土地转出意愿。在农户的个人特征中，年龄与受教育程度对土地转出意愿的影响较为显著，应重视农村职业技能教育培训，提升农户非农就业技能，突破年龄因素阻碍，有效引导农户理性转出土地；加强涉农政策的宣传与普及，政策应倾向于对受教育程度低和年轻劳动者转出意愿的推动，提升农户对农业生产经营状况的认知水平，使对土地依赖性较强的农户从传统耕作模式中解放出来，促进农地高效利用；通过对土地流转租金进行灵活与合理规范完善土地转出制度，保障土地租金对土地转出的刺激以及加快建立农业生产企业的竞争机制，切实保障农户的土地利益不受侵害。同时，针对黑龙江省农业生产不同区域的生产实际，采取差异化的管理措施，减少损失的同时实现集约化生产；在当前经济环境放缓的情况下，黑龙江省农户对土地的依赖会加深，因此实现土地与养老保险体系的创新联动，是实现农户土地转出后确保生活保障的有效对策。

8.2 新型农业经营主体的培育与农村地区经济转型升级问题研究

随着国家不断加大对新型农业经营主体的政策扶持，新型农业经济主体将会获得更好的发展前景，也必然在农村地区经济转型与升级过程中发挥越来越重要的作用。因此，国家在解决好"三农"问题过程中，希望构建更为完善的农业产业体系，培养新型农业经营主体；另外，国家通过发展现代农业来实现农村产业融合发展，实现农村地区经济转型与升级的目标。那么，在这种背景下，我们又该如何更好地通过培育新型农业经营主体来推进农村地区经济转型与升级呢？

8.2.1　定位

当前，我国高度重视农村地区经济发展，特别是通过美丽乡村建设和乡村振兴等战略的落实，为农村地区经济发展输送了大量财力物力资源，有力地推动了农村地区经济转型升级。农村地区经济转型和升级需要政府、社会、农村各类经济组织共同参与，形成农村地区经济发展多元化主体局面。对于新型农业经营主体而言，不仅为小农经济发展提供了平台，同时也为农村地区其他经济组织起到纽带作用，通过要素支撑和社会化服务有力地促进了农村地区经济发展。

首先，新型农业经营主体承担起市场与小农之间的平台作用。家庭联产承包责任制背景下，我国农业主体仍然以小农经营主体为主，而当前我国新型农业经营主体则是以农民专业合作社、龙头企业、家庭农场等组织组成，不仅能够对小农户起到辐射带动作用，进一步提升规模化经营水平。同时，新型农业经营主体与小农户相比，在市场竞争、信息渠道等方面都具有一定优势，可以为小农户提供有效载体，实现市场与小农户之间的有效对接。通过将小农户引入市场之中，能够进一步提升小农户组织化水平，更好地保护农民的切身利益。

其次，新型农业经营主体能够为农业产业链主体提供纽带作用。对于农业产业链主体而言，既包含新型农业经营主体，也包含农村农业产业其他组织，他们之间在发展过程中一般以资金、人力资本或农业资源为联结方式，在联结过程中不断进行合作创新，推动新型农业经营主体发展。同时，新型农业经营主体在发展过程中还会与外部政府组织、机构、龙头企业等各类社会主体互动，在互动过程中为规范发展，加强利益联结最终形成相应的产业联盟或协会，进一步提升新型农业经营主体之间的利益联结，也在一定程度上推动了农业产业化进程。

再次，新型农业经营主体能够为农业农村发展提供更为完善的社会化服务。对于农村地区经济发展而言，需要农民专业合作社、龙头企业发挥先锋带头作用，特别是在农业现代化建设过程中，不仅要充分发挥自身优势，同时还需要向整个农业产业链的其他主体提供更为完善的社会化服务。在农业生产各个环节，新型农业经营主体都能够提供指导和服务，而这种服务能够有利于推进整个农业产业链提档升级，同时也会直接刺激和推动农村地区经济转型升级，进一步提升农村地区资源配置和利用效率。

最后，新型农业经营主体能够为农村地区经济发展提供合理的资源配置。新型农业经营主体作为地方经济发展的重要主体，不仅能够为农村经济发展提供人力资源保障，同时也能够为农业现代化提供科学技术，推进农业科技化水平提升，为农业现代化发展提供科技要素支撑。对于农村地区经济发展而言，新型农业经营主体在发展过程中，不仅具有规模优势，同时也具有信息优势，因此能够在农业现代化建设过程中充分发挥自身优势来推动农村地区经济转型升级。

8.2.2 存在的主要问题

当前，我国农村地区经济发展还相对滞后，虽然国家出台了多项政策和措施，推荐我国农村地区经济转型与升级，加速农业现代化建设。但从具体效果来看，我国农村地区经济发展水平还相对滞后。新型农业经营主体虽然在规模上有所增加，但在质量上还仍然需要提升，广大农村地区基础设施和农业生产条件都相对滞后；在城镇化背景下，新型农业经营主体人员素质相对有限；农村金融供给严重不足；政府对农村地区经济发展扶持力度相对较小。这些问题严重影响了我国农村地区经济转型升级与新型农业经营主体培育。

首先，农村地区基础设施和农业生产条件都相对滞后。当前，我国农村地区农业水利基础设施老化，很多农村地区靠天吃饭的局面仍然没有改变，部分地区土地沙漠化严重，农药化肥过量使用导致土地质量下降，农业生产条件整体呈现下降趋势。农村地区经济转型与升级必然要与农业为基础，而农业生产条件不能得到有效改良，就无法为农村地区经济转型与升级提供有效动力。同时我们也看到，虽然国家加大了对农村地区基础设施建设，但村级道路还相对滞后，很多道路建成之后缺少有效维护，道路泥泞不堪，很多农产品都因为道路原因而无法外运形成滞销。此外，由于新型农业经营主体在发展过程中规模不断扩大，需要更多的资金投入来提升新型农业经营主体机械化水平，但由于新型农业经营主体难以获得融资和财政支持，制约了新型农业经营主体的快速发展。

　　其次，新型农业经营主体管理者和从业人员素质有限。国家非常重视新型农业经营主体人才队伍建设，并鼓励和支持村两委干部领办新型农业经营主体，鼓励和支持农村各类能人创办新型农业经营主体，但由于农村教育条件有限，很多新型农业经营主体从业人员学历偏低，年龄老化。特别是在思想观念上小富即安思想普遍存在，不仅限制了新型农业经营主体的管理水平提升，同时创新发展动力不足，严重影响了新型农业经营主体创新发展，也很难为农村地区经济发展带来足够动力。同时，还有很多农民专业合作社由于组织管理相对散漫，一旦在农业生产过程中出现风险，很多参与的社员往往都会将责任推向理事长和股东，一般农业风险都相对较大，合作社承受风险之后就很难再次崛起，因此急需要政府制定相关政策或补偿机制来进一步激发农村优秀人才创办新型农业经营主体的积极性。

　　再次，农村金融发展相对滞后，很难有充足的资金支持农村地区经济转型升级。无论是农村地区经济转型升级，还是培育新型农业经营主体都需要足够的资金支撑。农村金融发展滞后，则会对新型农业经营主体发展产生严重影响。对于新型农业经营主体而言，要想从银行等正规渠道获得贷款审批，不仅缺少相应的抵押物，同时审批手续还相当烦琐，导致很多新型农业经营主体在发展过程中资金难以为继，最终解体。如果新型农业经营主体想要通过个人借贷或小额信贷等方式，不仅需要承担较高的利率水平，同时获得的贷款数额相对较小，很难满足规模以上的新型农业经营主体，这在一定程度上制约了新型农业经营主体的发展。从保险层面看，由于当前我国农业保险覆盖面还相对较窄，在保障过程和赔付方面还存在很多问题，加之当前很多保险企业出台的针对新型农业经营主体的政策性保险与新型农业经营主体实际需求不符，这在一定程度上也制约了新型农业经营主体发展。同时，由于农村金融总体供给不足，很难为农村地区经济转型与升级提供足够的金融支持，不仅影响城乡之间的资源转换，同时也影响了农民的持续增收。

　　最后，政府对于农村地区经济转型与升级扶持力度较小，对于新型农业经营主体培育重视力度不足。由于我国多数农村地区还相对贫困，地方财政主要来源更多是依靠转移支付，较少的财政收入对于地方发展而言显得捉襟见肘，很难拿出资金来支持经济区基础设施建设，抑或是支持新型农业经营主体发展，这在一定程度影响了新型农业经营主体快速发展，同时也影响了新型农业经营主体对农村地区经济发展的支持作用。虽然部分农村贫困地区在精准扶贫和乡村振兴战略过程中获得了扶贫资金，但这些扶贫资金需要打捆使用，加之政策之间缺少有效整合和衔接，难以对新型农业经营主体发展给予足够重视和资金支持，这在一定程度上也影响了农业现代化建设。

8.2.3 具体路径

新型农业经营主体在农村地区经济转型与升级过程中的定位主要是平台和纽带以及资源配置作用。要想充分发挥新型农业经营主体在农村地区经济转型与升级中的作用需要更为具体的路径。诸如通过农业供给侧结构性改革，构建现代农业生产经营体系，通过农业科技投入增加农村收入，通过龙头企业带动产业发展促进农村地区经济转型发展，实现农村地区早日奔小康。

首先，通过新型农业经营主体的培育进一步推进农业供给侧结构性改革。新型农业经营主体在农业供给侧结构性改革过程中要主动作为，特别是农业龙头企业需要通过自身产业领导优势，规范农户生产行为，进一步提升农户农产品标准化水平，从而有效保障农产品质量和安全。进一步提升农产品对城乡供给，不仅能够有效满足广大人民群众的高质量农产品需求，同时还能够提升农产品附加值，为农户增加大量增值收益。通过农业供给侧结构性改革，充分发挥新型农业经营主体作用，推动农村地区经济转型升级。

其次，通过构建现代农业生产经营体系来推动农村地区经济转型升级。习近平总书记明确提出，要以构建现代农业产业体系、生产体系、经营体系为抓手，加快推进农业现代化。要充分发挥新型农业经营主体引领作用，通过引领和带动作用发挥，吸引更多生产要素向农业领域融入，全面提升农业综合生产能力。通过农业产业发展，进一步提升农业生产总值，更好地促进农村地区经济转型升级。

再次，通过完善社会化服务促进农民持续增收来保障新型农业主体的培育。无论是农业现代化建设，还是农村地区经济发展的最终目的就是提升农民收入，为全面建成小康社会奠定基础。通过新型农业经营主体作用发挥，更好地为农户提供信息服务、技术服务和营销服务，从而进一步提升农业生产效率，让有限土地生产出更多优质农产品，从而有效提升农民利润空间。通过新型农业经营主体能力提升，更好地与网络信息技术融合，提升农产品品牌建设水平，确保农户生产的农产品附加值不断提升，促进农民收入持续增长。

8.2.4 培育新型农业经营主体促进农村经济转型与升级的政策保障

对于推进农村经济转型与升级而言，需要农村地区多个主体共同参与才能完成，特别是需要以农业现代化建设为基础，只有农业实现了转型升级，才能够为农村经济转型升级提供保障。可以说，培育新型农业经营主体是促进农村经济转型与升级的必然步骤，同时也是农村经济转型与升级的有效措施。因此，各级地方政府应该重视新型农业经营主体在农村经济发展中的作用和地位，并从政策角度对培育新型农业经营主体给予充分保障。

首先，制定专项支持政策，不断加大对新型农业经营主体的财政投入。党的十八大以来，我国出台了各项政策来支持新型农业经营主体发展。但从整体发展看，当前我国多数新型农业经营主体发展还处于初级阶段，特别是在经济新常态背景下，不仅自身实力发展缓慢，同时也严重影响了农业现代化建设。新型农业经营主体面对诸多困局，亟须国家出台专项支持政策来推动新型农业经营主体发展。一方面国家应该实施项目专项支持，应该从宏观层面为新型农业经营主体发展给予一定的政策优惠，并赋予其参与农业项目的主体地位。各级地方政府应该积极筹措资金，推进农业项目建设，特别是要将农业综合开发、特色农产品种养、农田水利化建设等方面放在重点位置，为新型农业经营主体发展奠定政策基础和发展条件。另一方面，应该实施税收专项支持政策，对于新型农业经营主体而言，由于其发展还处于起步阶段，各项收入还不稳定，因此应该针对新型农业经营主体特点在农机购置、农资材料采购，病虫害防治、技术培训等方面给予一定的税费减免，进一步减轻新型农业经营主体负担。同时，还应该实施成果专项支持，地方政府应该从新型农业经营主体发展实际需求出发，对于已经获得一定荣誉的新型农业经营主体，在肯定其发展成绩外，还应给予一定的物质奖励，进一步促进新型农业经营主体发展。此外，还应该实施职业农民专项支持政策，当前我国新型农业经营主体还缺乏大量专业人才，政府通过职业农民培养，进一步提升职业农民的专业技能和管理水平，进而充实到新型农业经营主体之中，更好地领导新型农业经营主体发展，同时也能够提升新型农业经营主体管理水平。

其次，通过政策保障做精农业科技增量并激活存量。农业现代化建设还需要大量的农业科技投入，而有效的农业科技成果转化能够为农业现代化建设提供强大动力。从国外农业发展阶段看，随着科技进步因素对农业增长贡献率增加，农业现代化水平也相应提升。因此，各级地方政府在推动农村地区经济转型与升级、培育新型农业经营主体过程中，应该重视农业科技对于农业现代化建设的重要意义和作用，应该始终将创新与科技驱动作为推动农村地区经济发展的根本动力。特别是要构建以新型农业经营主体为载体的农业科技创新发展模式，摆脱传统依靠资源环境投入的农业发展方式，进一步调整农业产业结构，提升农产品质量，为农业现代化建设和农民增收提供有效保障。同时，各级地方政府应该支持农业科技发展，不断加大对科研院所及院校的投入，通过人才培养和农业科技创新，为农村地区经济转型与升级提供创新驱动力。

总之，要想实现全面建成小康社会目标，农村地区是短板，而要想补齐农村地区短板，就必须推动农村地区经济转型与升级，就必须为农村地区经济发展找到可实现路径。新型农业经营主体的培育，不仅适应了农村地区经济发展的现实需要，同时也符合当前国家制定农业现代化的政策要求。因此，国家应该加大政策支持力度进一步推进土地流转和适度规模经营，为新型农业经营主体成长与发展创造有利条件。同时，新型农业经营主体应该充分发挥自身优势，在发展过程中不断创新农业发展方式，优化农业产业结构，成为助推农业现代化的核心动力，成为助推农村地区经济转型与升级的重要力量，为全面建成小康社会目标贡献自身力量。

9 | 结论与展望

　　农地经营权抵押融资作为一项缓解农户和农村金融机构"贷款难和难贷款"的金融创新和惠农政策，其开展的目的在于通过激活农地这一可抵押"资产"，激发金融机构贷款供给响应，满足农户生产信贷需求，继而扩大生产规模，保障国家粮食安全，农地经营权抵押融资成为各级政府和业界关注的重点。自2008年起，中国人民银行和中国银行业监督管理委员会对选定试点进行农地经营权抵押贷款，尤其是2013年确定农地抵押这一流转方式后，农地经营权抵押融资取得了较大的进展。作为农业大省的黑龙江省，农地经营权抵押融资实施效果及对供需主体行为的影响如何，怎样才能提升农地抵押融资的效果、完善农地抵押融资政策，促进供需主体行为意愿、响应、减少违规违约行为，推动农业发展进程，需要继续探讨。为此，本书以农地经营权抵押融资为研究对象，首先，基于农户、金融机构、政府的视角，从三大核心利益相关者角度出发，建立对农地经营权抵押融资实施效果的评价指标，并依据政府宏观数据资料和农户问卷调研，测算和评价了黑龙江省农地抵押融资实施效果。其次，基于"意愿—响应—违约（违规）"视角探讨了农地抵押融资对供需主体行为产生的影响，找出存在不足。再次，在黑龙江省农地经营权抵押融资实施效果及其对供需主体行为影响的基础上，探讨农地经营权抵押融资效果提升的策略。

9.1　研究结论

　　本书主要的研究结论，具体包括如下。

　　（1）总结了农地经营权抵押融资的发展历程和基本现状。农地经营权抵押融资的出台使农地经营权成为有效抵押品，相对于资金需求者来说，抵押资产增多了，信贷约束条件放松了，潜在的资金需求大大提高了；相对资金供给者来说，信息不对称条件下带来的道德风险降低了，违约后的损失相对减少，从而信贷供给增加。而且，农地抵押融资的发展经历了探索、确立和发展的演进过程，尤其是 2013 年中央提出农地抵押的流转方式以后，农地抵押融资进入了全面发展阶段。当前农地经营权抵押融资实施是在"政府引导、市场运作、自主自愿、因地制宜、协调推进"原则下开展的，农地经营权抵押融资业务的供给主体主要有农村商业银行、农村信用社、农业银行、邮政储蓄银行等，其需求主体既包括普通农户，也包括由家庭农场、龙头企业、专业大户、农民专业合作社构成的新型农业经营主体，但本书研究的需求主体为普通农户。

（2）总结了农地经营权抵押融资实施整体效果虽有所提升，但仍有很大的改善空间，且不同主体维度的效果差异明显的研究结论。依据建立农地经营权抵押融资实施效果的机理分析和实施效果评价指标体系构建的原则，从农地抵押融资涉及的核心主体出发，从农户、金融机构、政府三个维度构建农地经营权抵押融资实施效果评价指标体系，在德菲尔法确定各指标重要程度的基础上运用层次分析法（AHP）计算出了各评价指标所占的权重，基于 2013—2017 年黑龙江省统计数据（由于官方数据从 2013 年开始有统计）和 923 户农户的微观调研数据，运行灰色关联分析法对农地经营权抵押融资实施效果进行测算，结果显示：黑龙江省农地经营权抵押融资效果有所提升，但改善趋势不大，未来预期上升幅度会很大。具体表现在：①农户维度效果呈波动上升，参与积极性和家庭福利指标逐年提高，表明随着农地经营权抵押融资全面开展，农户的农地抵押融资意识有所提高，参与融资率持续提高，但是农户对融资认知程度、满意程度影响了农户对农地抵押融资的参与。②金融机构维度效果整体水平不高。供给积极性指标波动较大，组织实施在稳定区间内波动上升，可见黑龙江省农地抵押融资的供给积极性和组织实施都有所上升。然而，经营情况的数值显示这几年在低水平内波动，说明金融机构农地抵押融资的经营效益不高且稳定性较差。③政府维度效果呈现上升态势。社会保障发展和农业发展指标波动不大，但总体呈平缓上升，而且农地经营权抵押融资发展指标中的贷款规模和贷款结构也是不断提高，但是融资覆盖率不高。

（3）总结了农地抵押融资作为创新业务不断地完善，但农地抵押融资预期效果没有得到充分发挥的研究结论。2008 年，黑龙江省作为试点省份之一被纳入农地抵押融资首批试点范围，初步形成了以农地经营权进行抵押来获得资金的支持项目，此后随着农地抵押融资政策更加健全，农地抵押融资得到了较快的发展。但是，黑龙江省农地抵押融资实施效果还有待于进一步提升。通过对黑龙江省的农户和机构人员的调研，了解了农户对农地抵押融资政策认知程度不高，信贷员虽然认为农地经营权抵押融资前景很好，但是有些信贷员由于农户对政策认知程度低和信赖程度不好，而产生对农地经营权抵押融资选择性、象征性等响应行为，在一定程度上影响了抵押融资的效果。

（4）总结了农地经营权抵押融资政策与需求主体之间互相影响的研究结论。农地经营权抵押融资对需求主体行为有重要影响，而需求主体融资"意愿—响应—违约"行为又影响农地经营权抵押融资实施效果。首先，对农户融资意愿具有显著的正向影响。模型结果表明，对了解程度和对其满意度是农户参与融资意愿影响最大的指标，同时调研数据统计分析显示，对农地抵押融资了解的农户参与农地抵押融资意愿是其他农户的 15.572 倍，由此农地经营权抵押融资对农户融资意愿的影响最为突出。为此，提高农户的了解程度与满意程度，才能扩大融资目标群体，才能进一步发挥农地抵押融资对农户参与意愿的引导作用，提高农地经营权抵押融资的实施效果。其次，农地经营权抵押融资对农户响应行为（生产决策行为）具有显著影响。通过实证结果表明，已经融资农户中，农户对农地抵押融资满意度评价对其是否扩大生产规模的决策行为有正向影响，即农户对农地经营权抵押融资满意程度越高，其扩大生产规模的可能性越大。再次，农户对农地经营权抵押融资保障措施水平满意度评价、农户对农作物市场价格的满意度评价以及农户扩大生产收入预期、农户农业劳动力人数都是农户扩大生产决策行为的主要影响因素，所以政策制定者完善政策要充分考虑各项配套保障措施的综合作用，以提升效果。最后，农地经营权抵押融资引发的违约行为对融资效果具有重要影响。通过实证结果表明，学历、土地规模、参加农业保险、非农业收入储蓄水平、农业收入、贷款用途、土地流转市场发达程度等指标对农户违约行为具有显著影响。

（5）总结了农地经营权抵押融资政策与供给主体行为相互影响的研究结论。农地经营权抵押融资对供给主体行为具有重要影响，而供给主体融资"意愿—响应—违规"行为又影响农地经营权抵押融资实施效果。首先，对金融机构供给意愿具有显著的影响。基于"动机—影响因素—实证"的分析框架，通过实证结果得出：评估农地值是否容易、处置违约地是否容易、处置后偿还违约程度、贷款业务量、业务前景、法律法规健全程度、担保体系健全程度等因素影响机构供给意愿。其次，对金融机构响应行为具有显著影响。一方面，通过农地经营权抵押融资对金融机构产品设计目标的影响，设计出合理的贷款利率和期限，为农地经营权抵押融资可持续发展提供保障。另一方面，通过对金融机构经营行为的影响进行统计分析，得出：金融机构经营数量、业务经营范围、放贷规模等方面都有显著增加。但是，从农地经营权抵押融资有着广阔的农村发展空间和现实情况来看，其还有很大提升空间。再次，对农地经营权抵押融资可能引发的违规行为分析，通过实证结论得出：经济利益诱惑、物质激励、信息不对称对违规行为的影响最显著；其他影响来自信贷制度不完善、内部监管不力等问题；违规成本、信用意识、法律法规、外部监管的影响程度并不十分明显。

（6）总结了农地经营权抵押融资实施效果提升的目标原则、改进路径以及具体措施等政策建议。为进一步实现农地经营权抵押融资效果的提升，基于目标和基本原则的基础上从主体、模式、风险、监督与约束机制四个方面进行农地经营权抵押融资效果提升的路径设计，其具体路径体现为构建主体合作模式、健全风险补偿机制、优化融资运行机制、创建融资监督体系。并提出促进农地经营权抵押融资立法与地区实施细则出台、加大政府的农地经营权抵押融资支持力度、激发农户农地抵押融资的有效需求、提升金融机构供给服务能力等提升农地经营权抵押融资的具体措施。

（7）通过农户土地转出意愿的影响因素、新型农业经营主体培育与农村地区经济转型升级的关系分析，得出了农地经营权抵押融资相关产品部分或间接影响结论。农户农地转出有利于形成规模经营，新型农业经营主体的培育有利于有效使用农地经营权，缓解农村资金不足，有效使用农地经营权这一创新抵押物，部分和间接地论证了农地经营权抵押融资对农地转出和新型农业经营主体的培育有积极的影响，同时也体现了农业经营主体对农地经营权抵押融资实施效果的促进作用。

9.2　创新之处

（1）本书将农地经营权抵押融资实施涉及的三大利益相关主体（农户、金融机构、政府）统一在一个框架内，建立了农地经营权抵押融资实施效果评价的指标体系。

（2）运用层次分析法和灰色关联分析法相结合构建了农地经营权抵押融资实施效果评价模型，并应用 Logist 回归对农地经营权抵押融资引起的需求主体违约行为进行实证分析，应用 Probit 方法分析农地抵押融资对农户融资响应行为的影响，应用层次分析法对农地抵押融资实施过程中金融机构违规行为进行实证分析。

（3）建立"意愿—响应—违约（违规）"的分析框架，分别基于"机理（动机）—现实表现—实证"的逻辑顺序，深入剖析农地经营权抵押融资对供需主体行为产生的影响，继而分析供需主体行为如何影响农地经营权抵押融资实施效果。

9.3　不足之处与研究展望

（1）研究的不足之处。首先，农地经营权抵押融资是一项金融创新产品和农地改革深化的惠农政策。黑龙江省是农地抵押融资首批实验探索省份之一，因此本书以黑龙江省作为实施效果评价的地区，具有较强的现实意义。然而，每个省份的自然条件和农村经济发展等千差万别，书中得出的结论对全国是否存在借鉴意义，需要更进一步研究。

其次，由于黑龙江省农地经营权抵押融资统计资料不足，且现有的统计资料多数为内部调研统计数据。鉴于作者能力和拥有资源的局限性，可能会带来样本估算上的误差。与此同时，在农户和机构的调研数据获得上，尽管已经在调研前期对调研员进行问卷专业培训，同时采取入户调查和集体访问的方式进行调研，尽管对可能出现的问题采取了规避手段，可是还是有可能出现被访者所填信息不准确等情况。

再次，农地抵押融资经历了从探索期、确立期、发展期的推进过程，而且也将继续发展下去，可见整个过程会是漫长而复杂的，而本书在借鉴已有研究时，由于笔者自身存在的认知等制约，可能会对已有的一些理论认识、理解不够全面，进而对论文的严谨性产生一定的制约。

（2）未来展望。2008 年中国人民银行提出并开展"创新贷款担保方式，扩大有效担保品范围"揭开了农地抵押的新篇章，农地抵押融资工作被大力推进，目前处于发展的初期，农地抵押融资政策在不断健全和完善，融资产品设计也逐渐合理和规范。在国家大数据和乡村振兴战略的实施下，未来发展可期。首先，随着新型农业经营主体的发展扩大了农地抵押融资的有效需求，为其进一步发展创造了条件。其次，在多元利益主体合作的努力下，农地抵押融资在主体合作、运行模式、风险分散模式、监管制度等方面将更加优化，农地经营权抵押融资政策将更加完善，农地抵押融资效果提升的空间更为广阔。

参考文献 REFERENCES ///////////

"农村土地问题立法研究"课题组，2010. 农地流转与农地产权的法律问题——来自全 4 省 8 县（市、区）的调查报告 [J]. 华中师范大学学报（人文社会科学版）(2)：3 - 10.

安海燕，洪名勇，钱文荣，2016. 农地产权抵押贷款的三种典型模式及其自我履约研究 [J]. 华中农业大学学报（社会科学版）(4)：100 - 106，131.

蔡立东，姜楠，2017. 农地三权分置的法实现 [J]. 中国社会科学 (5)：102 - 122，20.

曹瓅，2017. 农地经营权抵押融资试点效果研究 [D]. 咸阳：西北农林科技大学.

曹瓅，罗剑朝，2015. 农户对农地经营权抵押贷款响应及其影响因素——基于零膨胀负二项模型的微观实证分析 [J]. 中国农村经济 (7)：31 - 48.

曹阳，2015. 农村土地经营权抵押贷款风险形成及防范机制探索 [J]. 金融与经济 (5)：28 - 31.

陈丹，高瑞，2017. 农地抵押中的金融风险规制与合作制理 [J]. 学习与实践 (2)：42 - 50.

陈家泽，2008. 土地资本化的资本障碍与改革路径 [J]. 财经科学 (3)：99 - 10.

陈建新，2008. 三种农户信贷技术的绩效比较研究 [J]. 金融研究 (6)：144 - 157.

陈晋丽，2015. 辽宁省农户农地经营权抵押贷款意愿研究——基于 595 个农户的调查 [D]. 沈阳：沈阳农业大学.

陈沙沙，李妍妍，2013. 农村土地承包经营权质押风险及范防研究 [J]. 时代金融 (6)：179 - 180，203.

陈雪梅，李国燕，2009. 论农村土地金融业务的构建 [J]. 改革与战略 (2)：104 - 105.

陈峥，2018. 基于商业银行视角的泰安市农地经营权抵押贷款供给意愿研究 [D]. 泰安：山东农业大学.

崔红志，2015. 关于赋予农民宅基地使用权更加完整权能的探析 [J]. 农村经济 (3)：3 - 6.

戴国海，黄惠春，张辉，等，2015. 江苏农地经营权抵押贷款及其风险补偿机制研究 [J]. 上海金融 (12)：80 - 84.

邓大才，2000. 农业制度变迁的基本特征分析及策略调整 [J]. 财经研究 (7)：3 - 10.

刁怀宏，2005. 信息不对称、风险规避与农地金融合约——基于农户与贷款者的分析 [J]. 中央财经大学学报 (9)：40 - 45.

丁关良，2014. 土地承包经营权抵押现状剖析和法律规制研究 [J]. 农村经济管 (8)：

15-17.

丁志国，覃朝晖，苏治，2014. 农户正规金融机构信贷违约形成机理分析 [J]. 农业经济问题 (8)：88-94.

杜勉，赵玉荣，2017. 农地经营权抵押贷款证券化模式设计初探 [J]. 新疆农垦经济 (7)：68-72.

房绍坤，2014. 论土地承包经营权抵押的制度构建 [J]. 法学家 (2)：41-47.

付兆刚，郭翔宇，2017. 农地经营权抵押贷款农户需求行为影响因素分析——基于黑龙江省 6 个县 1 328 个农户的问卷调查 [J]. 中国土地科学 (3)：4-12.

高锋，周雪梅，肖诗顺，2009. 农村土地承包经营权抵押担保制度探讨 [J]. 农村金融 (3)：40-42.

高海，2009. 论农村土地承包经营权质押 [J]. 南京农业大学学报（社会科学版）(3)：21-26.

高名姿，陈东平，2018. 农地抵押贷款发展中国家经验及启示 [J]. 中央财经大学学报 (8)：44-52.

郭骊，陈少强，孙艳丽，2010. 论建立中国特色农村土地银行 [J]. 中央财经大学学报 (4)：36-41.

韩喜平，孙贺，2014. 农村正规金融部门对农户的信贷歧视分析 [J]. 社会科学战线 (3)：73-78.

何上华，2011. 农村土地承包经营权抵押制度法律研究 [D]. 南京：南京航空航天大学.

胡元聪，2018. 强化农地融资功能发挥亟须创新法律制度保障——评《农地抵押融资功能实现法律制度研究》[J]. 河北法学 (3)：199-200.

黄惠春，李静，2013. 农村抵押贷款创新产品的供给意愿：江苏例证 [J]. 改革 (9)：131-137.

黄惠春，徐霁月，2016. 中国农地经营权抵押贷款实践模式与发展路径——基于抵押品功能的视角 [J]. 农业经济问题 (12)：90-102.

黄慧春，2014. 农村土地承包经营权抵押贷款可得性分析——基于江苏试点地区的经验证据 [J]. 中国农村经济 (3)：48-57.

惠献波，2014. 农地经营权抵押贷款供需分析与效率评价研究 [D]. 沈阳：沈阳农业大学.

惠献波，2015. 农地经营权抵押贷款——高陵模式研究 [J]. 景德镇学院学报 (1)：66-70.

纪秀江，2018. 农地经营权抵押融资功能实现的创新探索——基于枣庄"结对融"模式的思考 [J]. 西南金融 (2)：71-76.

蒋蔚，2012. 三明市农村土地承包经营权抵押贷款的启示 [J]. 福建农林大学学报（哲学社会科学版）(6)：30-34.

兰德平，刘洪银，2014. 农地承包经营权抵押贷款风险形成与控制 [J]. 征信 (4)：

28 - 34.

黎毅，2015. 农村土地产权抵押融资模式研究 [D]. 咸阳：西北农林科技大学.

李爱喜，2005. 农地抵押贷款制度构建与农村信用社业务拓展 [J]. 农业经济问题（5）：
　　35 - 38.

李弘元，2017. 山东沂南县试点地区农户土地经营权抵押融资行为的研究 [J]. 浙江农业科
　　学（10）：1861 - 1864.

李金龙，2018. 基于 AHP 层次分析法的客户信用风险管理体系的建立与实施 [D]. 上海：
　　华东理工大学.

李景初，2018. 农村土地经营权抵押贷款政策满意度及其影响因素分析——基于河南省
　　1 428农户的调查 [J]. 江苏农业科学（19）：350 - 354.

李瑞红，2011. 土地抵押贷款八大风险辨析 [J]. 中国农村金融（9）：69 - 71.

李善民，2015. 土地经营权抵押贷款中政府与金融机构的演化博弈分析 [J]. 金融理论与实
　　践（9）：19 - 22.

李延敏，罗剑朝，2005. 国外农地金融制度的比较及启示 [J]. 财经问题研究（2）：
　　84 - 88.

厉以宁，2008. 论城乡二元体制改革 [J]. 北京大学学报（哲学社会科学版）（2）：1 - 5.

梁虎，2018. 农村土地经营权抵押贷款效果综合评价研究 [D]. 咸阳：西北农林科技大学.

梁虎，罗剑朝，曹瓅，2018. 农地抵押贷款后农户融资满意度与忠诚性研究——基于业务
　　模式、土地规模、收入水平及其交互作用 [J]. 西安财经学院学报（9）：61 - 68.

林建伟，2016. 农地经营权抵押贷款的风险与防范 [J]. 福建农林大学学报（哲学社会科学
　　版）（9）：14 - 19.

林建伟，2018. 风险认知对农地经营权抵押贷款供给意愿的影响——基于信贷员认知的视
　　角 [J]. 经济问题（3）：47 - 51.

林乐芬，王步天，2015. 农地经营权抵押贷款制度供给效果评价——基于农村金融改革试
　　验区基于农村金融改革试验区 418 名县乡村三级管理者的调查 [J]. 经济学家（8）：
　　84 - 91.

林乐芬，王军，2011. 农村金融机构开展农村土地金融的意愿及影响因素分析 [J]. 农业经
　　济问题（12）：60 - 65.

林乐芬，俞涔曦，2016. 家庭农场对农地经营权抵押贷款潜在需求及影响因素研究——基
　　于江苏 191 个非试点村的调查 [J]. 南京农业大学学报（社会科学版）（1）：71 - 81.

林乐芬，赵倩，2009. 推进农村土地金融制度创新——基于农村土地承包经营权抵押贷款
　　[J]. 学海（5）：68 - 72.

林毅夫，沈明高，1991. 我国农业科技投入选择的探析 [J]. 农业经济问题（7）：9 - 13.

林忠琪，张佳，杨丹，2018. 农户对土地经营权抵押贷款的满意度研究——基于崇州试点
　　县的调查 [J]. 经济师（3）：178 - 181.

刘璨，李周，张敏新，等，2015. 我国集体林产权制度演化及绩效研究进展［J］. 林业经济
  （2）：3－12，63.

刘方健，2008. 土地改革是消除农村绝对贫困现象的重要途径［J］. 财经科学（12）：
  9－11.

刘贵珍，2009. 推行农村土地承包经营权抵押贷款的建议［J］. 青海金融（11）：29－31.

刘婷婷，刘钟钦，吴东立，等，2013. 农户土地承包经营权抵押意愿及其影响因素分
  析——基于237个样本农户的调查［J］. 农村经济（2）：38－41.

刘卫锋，2009. 基于农户融资需求视角的农村金融制度创新研究［J］. 经济纵横（2）：
  93－95.

刘希忠，关立群，李立学，2012. 对新型农民专业合作社融资风险担保模式的调查［J］. 黑
  龙江金融（11）：59－62.

刘洋洋，2017. 农地经营权抵押贷款风险防控法律机制研究［D］. 重庆：西南政法大学.

罗剑朝，2013. 杨凌示范区农村产权抵押融资实验与支持政策研究［J］. 西部金融（1）：
  23－29.

罗剑朝，庸晖，庞玺成，2015. 农地抵押融资运行模式国际比较及其启示［J］. 中国农村经
  济（3）：84－96.

罗永明，罗荷花，2017. 法阈约束视角下农地产权抵押融资的路径探讨［J］. 湖南农业大学
  （8）：106－108.

吕德宏，张无坷，2018. 农地经营权抵押贷款信用风险影响因素及其衡量研究——基于
  CreditRisk＋模型的估计［J］. 华中农业大学学报（社会科学版）（7）：137－147，17.

吕德宏，朱莹，2017. 农户小额信贷风险影响因素层次差异性研究［J］. 管理评论（1）：
  33－41.

马嘉鸿，2016. 农村土地经营权抵押贷款绩效评价［D］. 沈阳：沈阳农业大学.

马九杰，刘海英，温铁军，2010. 农村信贷约束与农村金融体系创新［J］. 中国农村金融
  （2）：39－41.

马鹏举，罗剑朝，2013. 西部地区农户对农村产权抵押贷款融资意愿研究——基于宁夏回
  族自治区同心县164个农户调查的分析［J］. 经济经纬（5）：20－25.

马智宇，2015. 基于农户视角的农地经营权抵押贷款影响因素研究［D］. 武汉：华中农业
  大学.

孟楠，2017. 农地经营权抵押贷款风险分担机制研究［D］. 咸阳：西北农林科技大学.

孟楠，惠献波，2018. 农地经营权抵押融资风险控制研究——基于直接抵押融资模式的视
  角［J］. 地方财政研究（1）：93－99.

孟楠，罗剑朝，马婧，2016. 农户风险意识与承担能力对农地经营权抵押贷款行为响应影
  响研究——来自宁夏平罗732户农户数据的经验考察［J］. 农村经济（10）：74－80.

聂冲，贾生华，2005. 离散选择模型的基本原理及其发展演进评介［J］. 数量经济技术经济

研究 (11)：151-159.

欧阳国，2010. 农村土地承包经营权抵押：困境与出路 [J]. 内蒙古农业大学（社会科学版）(8)：74-76.

潘文轩，2015. 农地经营权抵押贷款中的风险问题研究 [J]. 南京农业大学学报（社会科学版）(5)：104-113.

庞凡想，孙美琳，于晟，2017. 家庭农场对农地经营权抵押贷款的需求及影响因素研究——以江苏省南京市高淳区及其周边地区为例 [J]. 安徽农业科学 (16)：246-249.

邵传林，霍丽，2009. 农村土地银行的运作机理与政策测度 [J]. 改革 (7)：84-88.

施晓琳，2002. 论以土地承包经营权抵押为特征的金融制度 [J]. 南京农业大学学报（社会科学版）(3)：20-25.

史卫民，2009. 土地承包经营权抵押制度探析 [J]. 经济体制改革 (5)：96-99.

宋国庆，2018. 穆棱市农村土地经营权抵押贷款绩效评价 [D]. 兰州：兰州财经大学.

苏岚岚，何学松，孔荣，2017. 金融知识对农民农地流转行为的影响——基于农地确权颁证调节效应的分析 [J]. 中国农村经济 (11)：75-89.

苏治，胡迪，2014. 农户信贷违约都是主动违约吗？——非对称信息状态下的农户信贷违约机理 [J]. 管理世界 (9)：77-89.

邰志强，2017. 金融机构征信违规行为的法律风险与救济途径 [J]. 征信 (5)：48-50.

唐薇，吴越，2012. 土地承包经营权抵押的制度"瓶颈"与制度创新 [J]. 河北法学 (2)：62-71.

童彬，2014. 农村土地经营权抵押制度研究——以制度困境、主要模式、风险控制和处置机制为路径 [J]. 社会科学家 (10)：105-109.

汪险生，郭忠兴，2014. 土地承包经营权抵押贷款：两权分离及运行机理 [J]. 经济学家 (4)：49-60.

王超，廖宜静，王梦琪，等，2014. 基于 AHP——模糊综合评价法的农地抵押贷款风险评价研究 [J]. 河北科技师范学院学报（社会科学版）(3)：48-56.

王超，甄霖，杜秉贞，等，2014. 黄土高原典型区退耕还林还草工程实施效果实证分析 [J]. 中国生态农业学报 (7)：850-858.

王峰，黄惠春，2016. 农地经营权抵押贷款风险调控机制研究 [J]. 中国内部审计 (11)：89-93.

王杰，2017. 基于灰色模糊综合评价的商业银行个人理财业务客户满意度评价研究 [D]. 邯郸：河北工程大学.

王亮亮，2016. 政策性农业保险市场结构、效率与绩效关系研究 [D]. 合肥：安徽财经大学.

王平，邱道持，李广东，2010. 农村土地抵押调查 [J]. 中国农学通报 (15)：447-450.

王铁，2008. 建立农村土地银行的战略构想 [J]. 管理世界 (11)：176-177.

王铁雄，2014. 农村土地承包经营权抵押融资问题与对策分析［J］. 云南大学学报（法学版）（3）：89-90.

王兴稳，纪月清，2007. 农地产权、农地价值与农地抵押融资——基于农村信贷员的调查研究［J］. 南京农业大学学报（社会科学版）（4）：71-75.

王选庆，2003. 中国农地抵押贷款制度管理创新研究［J］. 中国农村观察（3）：25-34.

王选庆，2003. 中国农地金融制度管理创新研究［J］. 中国农村观察（3）：25-34，80.

吴海涛，方蕾，2011. 对杜蒙县农村土地承包经营权抵押贷款的调查与思考［J］. 黑龙江金融（2）：63-65.

吴婷婷，2017. 农地经营权抵押贷款创新模式及风险分担机制——江苏沛县农土公司的典型案例分析［J］. 农村经济（8）：58-63.

吴文杰，1997. 论农村土地金融制度的建立与发展［J］. 农业经济问题（3）：34-39.

肖诗顺，2010. 农村金融机构农户贷款模式研究［J］. 农业经济问题（4）：14-18.

肖卫东，梁春梅，2016. 农村土地"三权分置"的内涵、基本要义及权利关系［J］. 中国农村经济（11）：17-29.

肖艳霞，2007. 农村土地金融制度创新及政策建议［J］. 金融理论与实践（7）：38-40.

闫广宁，2008. 对同心县农村信用联社开展土地承包经营权抵押贷款情况的调查与思考［J］. 西部金融（8）：49-50.

燕星辰，杜娜娜，2011. 新型农村土地承包经营权抵押贷款模式探讨［J］. 西部财会（4）：49-51.

杨公齐，2013. 农地抵押贷款供需"双冷"的经济学分析［J］. 南方金融（8）：38-45.

杨国平，蔡伟，2009. 农村土地承包经营权抵押贷款模式探讨［J］. 武汉金融（2）：49-50.

杨奇才，谢璐，韩文龙，2015. 农地经营权抵押贷款的实现与风险：实践与案例评析［J］. 农业经济问题（10）：4-11.

杨瑞龙，1998. 我国制度变迁方式转换的三阶段论——兼论地方政府的制度创新行为［J］. 经济研究（1）：5-12.

杨圣奎，2015. 农地经营权抵押贷款模式［J］. 中国金融（4）：90-91.

尹志超，谢海芳，魏昭，2014. 涉农贷款、货币政策和违约风险［J］. 中国农村经济（3）：14-26.

庸晖，罗剑朝，2014. 农户选择农村产权抵押融资行为的影响因素研究——基于不同贷款选择的对比分析［J］. 广东农业科学（21）：220-226.

于丽红，陈晋丽，2014. 农村土地经营权抵押贷款的经验与启示：昌图县案例［J］. 农村经济（4）：83-86.

于丽红，池丽旭，兰庆高，2015. 农村土地融资模式创新——农地经营权抵押贷款证券化探讨［J］. 农村经济（4）：47-51.

于丽红，兰庆高，2013. 农村金融机构开展农地经营权抵押贷款的意愿——基于辽宁省沈阳市的调查 [J]. 农村经济（8）：64-66.

于丽红，李辰未，兰庆高，2014. 农村土地经营权抵押贷款信贷风险评价——基于 AHP 法分析 [J]. 农村经济（11）：79-82.

俞滨，郭延安，2018. 农地产权制度改革对农地抵押市场双重效应研究——以浙江农地抵押改革试点区为例 [J]. 浙江社会科学（4）：17-26，155-156.

俞建军，2014. 银行视角下农村土地承包经营权抵押融资探析 [J]. 经济研究导刊（17）：27-30.

占治民，2018. 农地承包经营权抵押贷款试点风险控制研究 [D]. 咸阳：西北农林科技大学.

曾大鹏，2017. 土地承包经营权抵押的法律困境与现实出路 [J]. 中国农业观察（3）：15-26.

曾庆芬，2010. 产权改革背景下农村居民产权融资意愿的实证研究 [J]. 中央财经大学学报（11）：63-68.

曾章蓉，王欢欢，2010. 结合"土地承包经营权抵押贷款"探讨农户小额信贷新模式 [J]. 农村金融研究（9）：66-71.

张合林，郝寿义，2007. 城乡统一土地市场制度创新及政策建议 [J]. 中国软科学（2）：28-40.

张林秀，徐晓明，1996. 农户生产在不同政策环境下行为研究—农户系统模型的应用 [J]. 农业技术经济（4）：27-32.

张龙耀，江春，2011. 中国农村金融市场中非价格信贷配给的理论和实证分析 [J]. 金融研究（7）：98-113.

张龙耀，王梦珺，刘俊杰，2015. 农民土地承包经营权抵押融资改革分析 [J]. 农业经济问题（2）：70-78.

张庆君，2010. 关于农村金融创新中土地抵押贷款模式的思考——基于辽宁省法库县农村金融创新试点的实证观察 [J]. 农业经济（11）：64-66.

张笑寒. 美国早期农地金融制度及其经验启示 [J]. 农村经济，2007（4）：126-129.

赵炳盛，付亚辰，2012. 基于风险分析的三权抵押贷款定价研究 [J]. 税务与经济（4）：29-33.

赵春江，付兆刚，2018. 农地经营权抵押贷款政策的背离风险及其制度规制——基于供需主体的行为博弈分析 [J]. 经济问题（5）：53-58.

赵军洁，尚旭东，王大鹏，2016. 农地经营权抵押贷款：制度理论、法律法规与实践操作 [J]. 农村经济（8）：71-76.

赵鲲，2016. 共享土地经营权：农业规模经营的有效实现形式 [J]. 农业经济问题（8）：4-8.

赵一哲，2015. 农地经营权抵押贷款风险研究 [D]. 咸阳：西北农林科技大学.

赵振宇，2014. 基于不同经营主体的农地承包经营权抵押问题研究 [J]. 管理世界（6）：
174 - 175.

中国社会科学院农村发展研究所"农村集体产权制度改革研究"课题组，张晓山，2015.
关于农村集体产权制度改革的几个理论与政策问题 [J]. 中国农村经济（2）：4 - 12，37.

朱英刚，王吉献，2009. 开展土地金融业务的调查与分析 [J]. 农业发展与金融（11）：
13 - 17.

祖洪涛，2003. 基层金融机构违规经营的成因及遏制对策 [J]. 济南金融（5）：45 - 46.

Arestis P，Demetriades P O，Luintel K B，2001. Financial Development and Economic
Growth：The Role of Stock Markets [J]. Journal of Money Credit & Banking (1)：
16 - 41.

Basley，T，1995. Property Rights and Investment Incentives：Theory and Evidence from
China [J]. Journal of Political Economy (5)：903 - 937.

Benartzi，S.，Beshears，et al.，2017. Should governments invest more in nudging [J]. Psy-
chological Science (8)：1041 - 1055.

Berger A N，DB Humphrey，1997. Efficiency of Financial Institutions：International Survey
and Directions for Future Research [J]. European Journal of Operational Research (2)：
175 - 212.

Besley T，1995. Property Rights and Investment Incentives：Theory and Evidence from Gha-
na [J]. Journal of Political Economy (5)：903 - 937.

Boucher S R，Barham B L，Carter M R，2005. The Impact of "Market - Friendly" Reforms
on Credit and Land Markets in Honduras and Nicaragua [J]. World Development (1)：
107 - 128.

Brabec E，Smith C，2002. Agricultural land fragmentation：the spatial effects of three land
protection strategies in the eastern united states [J]. Landsc Urban Plan (2)：255 - 268.

Carter M R，Olinto P，2003. Getting Institutions "Right" for Whom? Credit Constraints and
the Impact of Property Rights on the Quantity and Composition of Investment [J]. Ameri-
can Journal of Agricultural Economics (1)：173 - 186.

Conning，J.，Udry，et al.，2005. Rural financial markets in developing countries [J].
Handbook of agricultural economics (3)：2857 - 2908.

De Soto，H，2000. The mystery of capital：why captitalism triumphs in the west and fails
everywhere else [J]. Archives of Environmental Health An International Journal (100)：
455 - 456.

Deininger，Binswanger，1999. The effects of land sales restrictions：evidence from south In-
dia [J]. Agricultural Economics (3)：279 - 294.

Deininger，K. W. ，2005. Land policies for growth and poverty reduction ［J］. World Bank Publications （10）：77 – 82.

Feder G，Onchan T，Raparla T，1988. Collateral，Guaranties and Rural Credit in Developing Countries：Evidence from Asia ［J］. Agricultural Economics （2）：231 – 245.

Field E，Torero M，2006. Do Property Titles Increase Credit Access Among the Urban Poor Evidence from a Nationwide Titling Program ［Z］. Department of Economics，Harvard University.

Fort R，2008. Assessing the Impact of Rural Land Titling in Peru：the Case of the PETT Program ［Z］. Washington D. C. .

Guir kinger C，Boucher S R，2008. Credit Constraints and Productivity in Peruvian Agriculture ［J］. Agricultural Economics （3）：295 – 308.

Hans D，2008. The origins and influence of land property rights in Vietnam ［J］. Development Policy Review （3）：339 – 363.

Jansen K，Roquas E，1998. Modernizing Insecurity：The Land Titling Project in Honduras ［J］. Development and Change （29）：81 – 106.

Johnson R，Jensen G R，1999. Federal Reserve monetary policy and real estate investment trust returns，Real Estate Finance ［J］. Real Estate Finance （1）：52 – 59.

Kerekes C，Williamson C，2010. Propertyless in Peru，Even with a Government Land Title ［J］. The American Journal of Economics and Sociology （3）：1011 – 1033.

Larry J. Lockwood，Ronald C. Rutherford，Martin J. Herrera，1996. Wealth effects of asset-securitization ［J］. Journal of Banking &· Finance （1）：151 – 164.

Levine R，1997. Financial Development and Economic Growth：Views and Agenda ［J］. Journal of Economic Literature （2）：688 – 726.

Men khoff L，Neuberger D，Rungruxsirivorn O，2012. Collateral and Its Substitutes in E-merging Markets Lending ［J］. Journal of Banking &· Finance （36）：817 – 834.

Miller，Calvin，2004. Credit Programmes for the Poor and Seasonality in Rural Bangladesh ［J］. The Journal of Development Studies （2）：1 – 24.

Pender J L，Kerr J M，1999. the Effects of Land Sales Restrictions：Evidence from South India ［J］. Agricultural Economics （21）：279 – 294.

Saturnino Borras JR，2005. Can Redistributive Reform be Achieved via Market – Based VoluntaryLand Transfer Schemes? Evidence and Lessons from the Philippines ［J］. Journal of DevelopmentStudies （1）：90 – 134.

Simon Wolfe，2000. Structural effects of asset – backed securitization ［J］. European Journal of Finance （4）：353 – 369.

Stlroh K J，2006. New Evidence on the Determinants of Bank Risk ［J］. Journal of Financial

Services Research (3): 237 - 263.

Stuart I. Greenbaum，Anjan V. Thakor，1987. Bank funding modes [J]. Journal of Banking &·Finance (3): 379 - 401.

Wegren，S. K. ，2003. Why rural Russians participate in the land market: factors socio - economic [J]. Post - Communist Economies (4): 483 - 501.

Whette，H. C，1983. Collateral in credit rationing in markets with imperfect information: Note [J]. The American Economic Review: 442 - 445.

附录1　农地经营权抵押融资实施
情况调查——农户方面

尊敬的先生（女士）：您好！

非常感谢您参与我们关于"农地经营权抵押融资情况实施情况"的调研活动！本次为学术调研，答案无对错，恳请您填写真实情况和看法。同时，我们郑重承诺调查采取匿名方式，调查结果绝不泄露您的信息。最后，感谢您对我们的信任和帮助！

一、调查地区情况

1. 被调查的地区：_____市_____镇_____村（屯）
2. 调查村主要种植的作物_____，主要养殖的动物_____

二、农户的基本情况

3. 您的年龄_____
　　(1) 30 岁及以下；(2) 31～40 岁；(3) 41～50 岁；(4) 51～60 岁；
　　(5) 61 岁以上
4. 您的性别_____
　　(1) 男；(2) 女
5. 您的学历_____
　　(1) 小学及以下；(2) 初中；(3) 高中；(4) 大学及以上
6. 您从事农业生产劳动时间_____
　　(1) 小于 5 年；(2) 5～10 年；(3) 11～20 年；(4) 21 年以上
7. 家庭总人口_____，劳动力人数_____

8. 您的家庭主要收入来源_____

    （1）纯务农；（2）务农为主；（3）非务农为主

9. 您家的农业经营形式_____

    （1）家庭经营；（2）家庭农场；（3）合作社；（4）种养大户

10. 家庭生产规模_____亩

11. 您认为本区域的自然环境_____

    （1）很好；（2）好；（3）一般；（4）不好；（5）很不好

12. 您对农产品市场的满意度_____

    （1）很满意；（2）满意；（3）一般；（4）不满意；（5）很不满意

13. 您认为农产品销售价格的波动情况是_____

    （1）幅度很大；（2）幅度较大；（3）一般；（4）幅度不大；（5）幅度很小

三、家庭信用与经济状况

14. 您近几年家庭的收入情况

年份	总收入	农业收入	非农收入	总支出	纯收入
2013					
2014					
2015					
2016					
2017					

15. 您家的储蓄情况_____

    （1）无；（2）2万元及以下；（3）2万～5万元；（4）6万～9万元；

    （5）10万元以上

16. 您与信贷员认识_____

    （1）5年以上；（2）3～4年；（3）1～2年；（4）1年以内；（5）不认识

四、农户对农地经营权抵押融资政策认知情况

17. 您家是否有土地经营权证_____

    （1）有（颁发日期：_____年）；（2）没有

18. 您对农地经营权抵押融资的了解程度_____

    （1）从未听说过；（2）仅仅听说过，不了解；（3）很熟悉，但没参加；

(4) 了解并且参加

19. 您从何种渠道了解农地经营权抵押融资（可多选）_____
   (1) 广播和电视；(2) 农场、村委会、合作社等组织宣传；(3) 熟人朋友谈到；(4) 报纸和书中介绍；(5) 其他

20. 您觉得政府对农地经营权抵押融资的宣传力度_____
   (1) 很弱；(2) 较弱；(3) 一般；(4) 较强；(5) 很强

21. 涉农金融机构服务网点距离您的距离_____
   (1) 小于等于 3 千米；(2) 3～5 千米；(3) 6～10 千米；(4) 11～15 千米；(5) 16 千米及以上

22. 您从哪年_____参与农地抵押贷款的？您是否持续贷款？_____（是/否）

23. 您对农地经营权抵押融资内容的了解情况：请在相应的答案下打"√"

项目/环节	贷款违约处置	贷款金额	贷款利率	贷款期限	贷款程序
了解程度	①清楚 ②不清楚	①清楚 ②不清楚	①清楚 ②不清楚	①清楚 ②不清楚	①清楚 ②不清楚

24. 近期申请农地抵押融资情况：

年份	金额	利率	期限	贷款等级	担保人 (个数/职业/关系)	抵押土地面积	抵押土地价值

25. 您知道的农地经营权抵押融资的模式是_____
   (1) 直接用土地经营权抵押；(2) 农地经营权＋第三方担保；(3) 第三方担保＋农地经营权反担保；(4) 农地经营权＋其他风险分散机制；(5) 农地经营权抵押＋附加财产担保；(6) 农户联合互保型；(7) 其他_____

26. 用于抵押的农地经营权由_____评估价值
   (1) 政府部门；(2) 金融机构；(3) 政府＋金融机构＋农户；(4) 村委会；(5) 评估组织

27. 您进行融资的机构是_____

　　（1）哈尔滨银行；（2）农业银行；（3）农村信用社；（4）村镇银行；

　　（5）邮政储蓄银行；（6）建设银行；（7）其他_____

28. 您认为信贷员对农地抵押融资业务操作_____

　　（1）很熟练；（2）熟练；（3）一般；（4）不熟练；（5）很不熟练

29. 您申贷成功后，信贷员对融资的贷后跟踪_____

　　（1）很严；（2）较严；（3）一般；（4）较不严；（5）很不严

30. 您获得农地抵押融资后用于_____

　　（1）农业生产；（2）做买卖；（3）生活支出；（4）投资；（5）其他

31. 您用于偿还贷款的资金来自_____

　　（1）农业收入；（2）做买卖收入；（3）打工收入；（4）熟人借款

32. 如果您到期无法偿还农地抵押融资款项，对银行处置农地的做法，您的意
　　见是_____

　　（1）不同意；（2）同意

33. 农的抵押融资是否按期偿还_____

　　（1）按期全额偿还；（2）部分偿还；（3）全部不还

34. 您申请农地抵押融资后是否增加了生产规模？_____（是/否）

35. 农地经营权抵押融资政策对农户的影响及作用程度

项目	对农户的影响及作用程度
贷款可得性	（1）影响很大；（2）影响较大；（3）没有影响；（4）影响很小；（5）影响较小
农民收入的作用	（1）影响很大；（2）影响较大；（3）没有影响；（4）影响很小；（5）影响较小
生产决策的影响	（1）影响很大；（2）影响较大；（3）没有影响；（4）影响很小；（5）影响较小
家庭经济改善的影响	（1）影响很大；（2）影响较大；（3）没有影响；（4）影响很小；（5）影响较小

五、农户风险认知与防范情况

36. 您对您所面临的风险的认识程度_____

　　（1）非常了解；（2）了解；（3）一般；（4）不了解；（5）非常不了解

37. 目前，对您家的生产和生活造成较大影响的风险有哪些？（可多选）_____

　　（1）疾病；（2）孩子学业；（3）孩子嫁娶；（4）突发事件；（5）自然灾
　　害；（6）市场价格波动；（7）其他风险

38. 您认为您家种植的农作物面临的最大风险是什么？（从下列1～18个选项

中选择，可多选）_____

（1）旱灾；（2）雨灾；（3）洪水；（4）风灾；（5）冰；（霜）冻灾；（6）雪灾；（7）雹灾；（8）热害；（9）植物病虫害；（10）草害；（11）鼠害；（12）动物疫病；（13）农产品价格变动；（14）生产资料涨价；（15）贸易条件恶化；（16）生产技术的改革与应用风险；（17）国家相关政策的表动；（18）其他

39. 您防范和应对自然风险采取的主要途径（可多选）_____

（1）同时饲养或种植多种农产品；（2）除从事农业生产外还从事其他劳动或经营；（3）储蓄；（4）从朋友、亲属无偿资助；（5）民间借贷；（6）银行贷款；（7）变卖固定资产；（8）政府救济；（9）购买保险；（10）其他

40. 您认为农地经营权抵押融资风险_____

（1）非常大；（2）大；（3）一般；（4）小；（5）非常小

41. 您认为金融机构在农地抵押融资风险规避中的作用_____

（1）非常大；（2）大；（3）一般；（4）小；（5）非常

42. 您认为政府在农地抵押融资风险规避中的作用_____

（1）非常大；（2）大；（3）一般；（4）小；（5）非常

43. 您认为保险公司在农的抵押融资风险规避中的作用_____

（1）非常大；（2）大；（3）一般；（4）小；（5）非常

44. 您觉得金融机构参与农地抵押融资的积极性_____

（1）很高；（2）高；（3）一般；（4）不高；（5）很不高

45. 您所在地是否有农地抵押融资有风险补偿基金_____

（1）有；（2）无

46. 您觉得政府对农地经营权抵押融资风险的宣传力度_____

（1）很弱；（2）较弱；（3）一般；（4）较强；（5）很强

47. 您参加保险情况

保险种类	是否参加	参加名称	年保费
农业保险			
养老保险			
医疗保险			

六、农户对农地经营权抵押融资的综合评价

项目/环节	农户评价
总体满意度	（1）非常满意；（2）比较满意；（3）一般；（4）比较不满意；（5）非常不满意
保障设施水平	（1）非常满意；（2）比较满意；（3）一般；（4）比较不满意；（5）非常不满意
现行农业相关政策	（1）非常满意；（2）比较满意；（3）一般；（4）比较不满意；（5）非常不满意
政策法规健全程度	（1）非常不健全；（2）不健全；（3）一般；（4）健全；（5）非常健全
土地流转市场的发达程度	（1）很发达；（2）发达；（3）一般；（4）不发达；（5）很不发达
产权交易市场服务	（1）非常满意；（2）比较满意；（3）一般；（4）比较不满意；（5）非常不满意
农地价值评估人员	（1）非常专业；（2）比较专业；（3）一般；（4）不太专业；（5）很不专业
农地价值评估体系	（1）非常满意；（2）比较满意；（3）一般；（4）比较不满意；（5）非常不满意
利率水平	（1）很高；（2）较高；（3）一般；（4）低；（5）很低
申请手续烦琐度	（1）很简便；（2）较简便；（3）一般；（4）较烦琐；（5）很烦琐
申贷速度	（1）很慢；（2）较慢；（3）一般；（4）较快；（5）很快
社会养老保险体系	（1）非常满意；（2）比较满意；（3）一般；（4）比较不满意；（5）非常不满意

48. 您认为农地经营权抵押融资在哪些方面需要改进？ _____

_____

49. 您希望国家出台哪些惠农支农政策？ _____

_____

问卷到此结束，再次感谢您的支持和帮助！

附录 2　农地经营权抵押融资实施情况调查表——金融机构方面

尊敬的先生（女士）：您好！

非常感谢您参与我们关于"农地经营权抵押融资实施情况"的调研活动！本次为学术调研，答案无对错，恳请您填写真实情况和看法。同时，我们郑重承诺调查采取匿名方式，调查结果绝不泄露您的信息。最后，感谢您对我们的信任和帮助！

一、金融机构开展农地经营权抵押贷款基本情况

1. 被调查金融机构名称：_____

2. 本单位于_____年_____月开始提供农地经营权抵押融资

3. 本单位农地抵押融资的基本情况

时间	2013 年	2014 年	2015 年	2016 年	2017 年	2018 年
融资笔数（笔）						
融资户数（户）						
融资金额（万元）						
涉农贷款金额（万元）						
融资利率（‰）						
融资经营成本（万元）						
融资利息收入（万元）						
融资总收入（万元）						
融资不良贷款额（万元）						
融资不良贷款率（%）						

二、开展农地经营权抵押贷款的机构人员基本情况

4. 机构人员年龄_____

（1）20～30 岁；（2）31～40 岁；（3）41～50 岁；（4）51～60 岁；（5）61 岁以上

5. 机构人员教育水平_____

(1) 高中及以下；(2) 大专；(3) 本科；(4) 硕士研究生；(5) 博士研究生

6. 机构人员从业年限_____

(1) 5 年以下；(2) 6～10 年；(3) 11～15 年；(4) 16～20 年；(5) 21 年以上

三、对农地经营权抵押贷款业务的认知

7. 本单位办理止地经营权抵押贷款业务时，手续是否繁杂_____

(1) 是；(2) 否

8. 关于农地经营权抵押贷款，政府是否有相应的扶持政策_____

(1) 有；(2) 没有

9. 开展农地经营权抵押贷款对公司经营其他业务的影响_____

(1) 较大；(2) 一般 (3) 没有

10. 您认为当前农地经营权抵押贷款经营的各个环节效率如何_____

(1) 高；(2) 较高；(3) 一般；(4) 低；(5) 很低

11. 您认为目前的农地经营权抵押融资政策_____

(1) 合理；(2) 一般；(3) 不合理

12. 您认为农户违约时，对农地经营权处置的难易情况_____

(1) 非常不容易；(2) 不容易；(3) 一般；(4) 不难；(5) 非常不难

13. 您认为农地经营权的处置变现情况_____

(1) 非常不容易；(2) 不容易；(3) 一般；(4) 不难；(5) 非常不难

14. 您认为开展农地经营权抵押贷款业务的风险_____

(1) 非常大；(2) 比较大；(3) 一般；(4) 比较小；(5) 非常小

15. 本单位今后继续推进农地经营权抵押贷款业务开展的意愿_____

(1) 非常大；(2) 比较大；(3) 一般；(4) 比较小；(5) 非常小

16. 您认为，本单位响应农地抵押融资的积极性_____

(1) 非常积极；(2) 积极；(3) 一般；(4) 不积极；(5) 非常不积极

17. 您认为，农地抵押融资业务开展的前景_____

(1) 很有前景；(2) 有前景；(3) 一般；(4) 没前景；(5) 很没前景

18. 您不愿意给农户办理农地抵押业务的主要原因是_____　(多选)

(1) 农业经营风险；(2) 政策依据；(3) 农户信用低；(4) 业务竞争压

力；（5）抵押物价值难；（6）评估和抵押物变现难

19. 您认为金融机构开展农村土地抵押业务的主要障碍＿＿＿＿＿＿＿＿＿

20. 国家对开办农地经营权抵押融资的机构是否有经营补贴、税收优惠？为农地抵押融资的推进政府开展宣传？＿＿＿＿＿＿＿＿＿

21. 您认为农地抵押融资进一步推进的影响因素有哪些？＿＿＿＿＿＿＿＿＿

＿＿＿＿＿＿＿＿＿＿＿＿＿＿＿＿＿＿＿

问卷到此结束，再次感谢您的支持和帮助！

附录3　农地经营权抵押融资实施效果评价
指标体系构建的调查问卷

一、问题描述

本调查问卷以农地经营权抵押融资实施效果为调查目标，针对不同维度的制约因素运用 AHP 测算权重值。构建层次模型如下表所示。

一级指标	二级指标	三级指标
农户 A_1	满意度 B_1	政策认知程度 C_1
		政策内容 C_2
		配套设施 C_3
	响应行为 B_2	融资响应率 C_4
		续融率 C_5
		响应地区数量 C_6
	家庭福利水平 B_3	农民收入 C_7
		农民消费 C_8
		固定资产 C_9
金融机构 A_2	供给积极性 B_4	区域覆盖率 C_{10}
		贷款发放增长率 C_{11}
		经营机构数量 C_{12}
	组织实施 B_5	申贷时效 C_{13}
		贷款利率 C_{14}
		抵押物处置及时性 C_{15}
	经营情况 B_6	融资利润率 C_{16}
		不良贷款率 C_{17}
		融资发放量 C_{18}

（续）

一级指标	二级指标	三级指标
政府 A_3	农地抵押融资发展 B_7	融资覆盖率 C_{19}
		贷款规模 C_{20}
		贷款结构 C_{21}
	农业发展 B_8	农民收入增加率 C_{22}
		农业产出 C_{23}
		第一产业产值占比 C_{24}
	农村保障发展 B_9	新医疗参合率 C_{25}
		农村基本养老保险覆盖情况 C_{26}
		农业保险保费收入 C_{27}

二、问卷说明

本调查问卷的目的在于确定农地经营权抵押融资实施效果各制约因素之间相对重要程度，依据 AHP 分析法涉及问卷，将每一个层次上的不同指标对影响指标的重要程度两两进行对比。重要程度用绝对重要、十分重要、比较重要、稍微重要、同样重要来标值，并且每一个重要程度分别对应 9、7、5、3、1。靠近左侧的代表着左边要素比右边要素相对重要，靠近右侧的代表右边比左边要素相对重要。下面请百忙中的您，在对应方格里打钩代表您的看法。

若您认为给出的表达无法代表您对此问题的想法，那么请您在相应方格中画三角来表示您的想法。

三、问卷内容

第 2 层要素
◆ 评估"农地经营权抵押融资实施效果"的相对重要性

影响因素	说明
农户因素	包括满意度、响应行为、家庭福利水平
金融机构因素	包括供给意愿、组织实施、经营情况
政府因素	包括农地经营权抵押融资发展、农业发展、配套保障发展

比较"农地抵押融资实施效果"的相对重要程度

	评价尺度									
	9	7	5	3	1	3	5	7	9	
农户因素										金融机构
农户因素										政府因素
金融机构										政府因素

第 3 层次要素

◆ 评估"农户因素"的相对重要性

影响因素	说明
满意度	包括政策认知程度、政策内容满意度、配套设施满意度
响应行为	包括参与融资率、续融率、响应地区数量
家庭福利水平	包括农民收入变化、农民消费变化、固定资产变化

比较"农户因素"的相对重要程度

	评价尺度									
	9	7	5	3	1	3	5	7	9	
满意度										响应行为
满意度										家庭福利
响应行为										家庭福利

◆ 评估"金融机构因素"的相对重要性

影响因素	说明
供给积极性	包括区域覆盖率、贷款发放增长率、经营机构数量
组织实施	包括申贷时效、贷款利率、抵押物处置及时性
经营情况	包括融资利润率、不良贷款率、融资发放量

比较"金融机构因素"的相对重要程度

	评价尺度									
	9	7	5	3	1	3	5	7	9	
供给意愿										组织实施
供给意愿										经营情况
组织实施										经营情况

◆ 评估"政府因素"的相对重要性

影响因素	说明
农地融资发展	包括贷款规模、贷款结构、融资覆盖率
农业发展	包括粮食产出、农民收入增加率、第一产业产值占比
配套保障发展	包括新医疗参合率、农村基本养老保险覆盖范围、农业保险保费收入

比较"政府因素"的相对重要程度

	评价尺度									
	9	7	5	3	1	3	5	7	9	
农地融资发展										农业发展
农地融资发展										农业发展
农业发展										配套保障发展

第4层次要素

◆ 评估"农户满意度"的相对重要性

影响因素	说明
政策认知程度	对政策认识程度越高，农户对政策满意度越高，反之亦然
内容满意度	对政策内容越满意，农户对政策满意度越高，反之亦然
配套设施满意度	配套设施越健全，农户对政策满意度越高，反之亦然

比较"农户满意度"的相对重要程度

	评价尺度									
	9	7	5	3	1	3	5	7	9	
政策认知程度										内容满意度
政策认知满意度										配套设施满意度
内容满意度										配套设施满意度

◆ 评估"农户响应行为"的相对重要性

影响因素	说明
融资响应率	用农户融资响应户数占总户数的比重表示，单位:％
续融率	是农户连续融资的比例，即续融率＝连续两年融资户数/前一年融资户数，单位:％（融资期限主要指 1 年）
响应地区数量	是指获得农地抵押融资的地区个数，单位:个

比较"农户响应行为"的相对重要程度

	评价尺度									
	9	7	5	3	1	3	5	7	9	
融资响应率										续融率
融资响应率										响应地区数量
续融率										响应地区数量

◆ 评估"农户家庭福利水平"的相对重要性

影响因素	说明
农民收入变化	通过农村居民人均可支配收入指标反映，单位:元/人
农民消费变化	通过农村居民消费支出指标反映，单位:元/人
固定资产变化	通过农户人均储蓄指标反映，即农户人均储蓄余额/农村人口总数，单位:元/人

"农户家庭福利水平"的相对重要程度

	评价尺度									
	9	7	5	3	1	3	5	7	9	
农民收入变化										农民消费变化
农民收入变化										固定资产变化
农民消费变化										固定资产变化

◆ 评估"金融机构供给意愿"的相对重要性

影响因素	说明
区域覆盖率	是指实际融资区域与总融资区域的比值,单位:%
贷款发放增长率	贷款发放增长率＝(本期贷款发放额－上期贷款发放额)/上期贷款发放额×100%,单位:%
经营机构数量	即开展农地经营权抵押融资业务的机构数量,单位:个

"金融机构供给意愿"的相对重要程度

	评价尺度									
	9	7	5	3	1	3	5	7	9	
区域覆盖率										贷款发放增长率
区域覆盖率										经营机构数量
贷款发放增长率										经营机构数量

◆ 评估"金融机构组织实施"的相对重要性

影响因素	说明
申贷时效	即农户申请融资提交到金融机构放贷共经历的天数,单位:天
贷款利率	是指依据中国人民银行短期贷款基准利率,单位:‰
抵押物处置及时性	是指发生农户违约后金融机构处置抵押物天数,该数据通过对金融机构的调研获得,单位:天

比较"金融机构组织实施"的相对重要程度

	评价尺度									
	9	7	5	3	1	3	5	7	9	
申贷时效										贷款利率
申贷时效										抵押物处置及时性
贷款利率										抵押物处置及时性

◆ 评估"金融机构经营情况"的相对重要性

影响因素	说明
融资利润率	通过对黑龙江省银行的调研获知，目前用于核算经营情况的农地抵押融资利润是用总业务的利润来替代的
不良贷款率	是金融机构稳健经营的重要保障，本书通过中国人民银行哈尔滨支行和银保监会内部资料整理所得
贷款发放量	表明对支农扶农和普惠金融的支持程度

比较"金融机构经营情况"的相对重要程度

	评价尺度									
	9	7	5	3	1	3	5	7	9	
融资利润率										不良贷款率
融资利润率										贷款发放量
不良贷款率										贷款发放量

◆ 评估"农地经营权抵押融资发展"的相对重要性

影响因素	说明
贷款规模	农地抵押贷款规模＝（全省农地贷款余额/第一产业总产值）×100%，单位:%
贷款结构	农地抵押贷款结构＝（全省农地贷款余额/涉农贷款）×100%，单位:%
融资覆盖率	融资覆盖率＝农地贷款发放额/发放地区个数

比较"农地经营权抵押融资发展"的相对重要程度

	评价尺度									
	9	7	5	3	1	3	5	7	9	
贷款规模										贷款结构
贷款规模										融资覆盖率
贷款结构										融资覆盖率

◆ 评估"农业发展"的相对重要性

影响因素	说明
产业产出	指一定期间内,农产品的总产出,本书用该地区农林牧渔总产值来表示农业产出情况,单位:亿元
农民收入增长率	即本年农民纯收入减去前一年农民纯收入的差再除以前一年农民纯收入,单位:%
第一产业产值占比	用第一产业产值占该地区生产总值的比重表示,单位:%

比较"农业发展"的相对重要程度

	评价尺度									
	9	7	5	3	1	3	5	7	9	
产业产出										农民收入增长率
产业产出										第一产业产值占比
农民收入增长率										第一产业产值占比

◆ 评估"配套保障发展"的相对重要性

影响因素	说明
新医疗参合率	指参合人数占农村总人口的比重,计算公式为(参合人数/农村总人口)×100%,单位:%
农村基本养老保险覆盖情况	通过农村基本养老保险参与人数来表示,单位:万人
农业保险保费收入	通过农户所缴纳的保费来表示,单位:亿元

比较"配套保障发展"的相对重要程度

	评价尺度									
	9	7	5	3	1	3	5	7	9	
新医疗 参合率										农村基本养老 保险覆盖情况
新医疗 参合率										农业保险 保费收入
农村基本养老 保险覆盖情况										农业保险 保费收入

问卷到此结束，再次感谢您的支持和帮助！

附录4 农地经营权抵押融资实施过程中
信贷员违规行为调查问卷

一、问题描述

本调查问卷以信贷员违规行为为调查目标，针对不同维度的制约因素运用 AHP 测算权重值。构建层次模型如下图所示。

$$
\text{信贷员违规行为 } A
\begin{cases}
\text{经济因素 } B_1
\begin{cases}
\text{违规成本低 } C_1 \\
\text{经济利益诱惑 } C_2 \\
\text{物质激励 } C_3
\end{cases} \\
\text{信用因素 } B_2
\begin{cases}
\text{信息不对称 } C_4 \\
\text{信用制度不完善 } C_5 \\
\text{信用意识淡薄 } C_6
\end{cases} \\
\text{管理因素 } B_3
\begin{cases}
\text{法律法规不明确 } C_7 \\
\text{外部监管有缺陷 } C_8 \\
\text{内部监管不力 } C_9
\end{cases}
\end{cases}
$$

二、问卷说明

本调查问卷的目的在于确定农地经营权抵押融资实施过程中信贷员违规行为发生的影响因素之间相对的重要程度，依据 AHP 分析法设计问卷，将每一个层次上的不同指标对影响指标的重要程度两两进行对比。重要程度用绝对重要、十分重要、比较重要、稍微重要、同样重要来标值，并且每一个重要程度分别对应 9、7、5、3、1。靠近左侧的代表着左边要素比右边要素相对重要，靠近右侧的代表右边比左边要素相对重要。下面请百忙中的您，在对应方格里打钩代表您的看法。

若您认为给出的表达无法代表您对此问题的想法，那么请您在相应方格中画三角来表示您的想法。

三、问卷内容

第 2 层要素

比较"信贷员违规行为影响因素"的相对重要程度

	评价尺度									
	9	7	5	3	1	3	5	7	9	
经济因素										信用因素
经济因素										管理因素
信用因素										管理因素

第 3 层次要素

比较"经济因素"的相对重要程度

	评价尺度									
	9	7	5	3	1	3	5	7	9	
违规成本										经济利诱
违规成本										物质激励
经济利诱										物质激励

比较"信用因素"的相对重要程度

	评价尺度									
	9	7	5	3	1	3	5	7	9	
信息不对称										信用制度不完善
信息不对称										信用意识淡薄
信用制度不完善										信用意识淡薄

比较"管理因素"的相对重要程度

	评价尺度									
	9	7	5	3	1	3	5	7	9	
法律法规不明确										外部监管缺陷
法律法规不明确										内部监管不力
外部监管有缺陷										内部监管不力

问卷到此结束，再次感谢您的支持和帮助！

致谢 ACKNOWLEDGEMENTS //////////

　　本书几经周折，数度易稿，最终于千头万绪之中选定该题目。在这个漫长而艰辛的过程中，我有幸得到各位老师和同学们的诸多帮助，此刻回想起来百感交集：有激动、有不舍、但更多的是感恩！

　　首先，我要感谢我的恩师范亚东老师。如果当初范老师没有同意我报考，就不会有我今天站在这里的机会，更不会有我跟随您学习的这段美好时光。三年的时光如白驹过隙，我时刻铭记着范老师在我的学业和生活上所给予的无微不至的帮助和关怀。他敏锐的洞察力帮助我解开研究中的困境，他乐观向上的生活态度鼓励我勇于面对生活的挫折。从博士论文的选题到设计逻辑结构，从宏观统计数据获得到微观数据调研，事无巨细都倾注了范老师大量的心血。在此我不仅要向您郑重道谢，更要向您郑重道歉，因为我给您增添了太多的麻烦，但我知道您是不会介意的，因为您早已把我们当成自己的孩子了。您慈祥的笑容、浓烈而无私的感情付出总是令我们内心幸福常驻。

　　在选题和写作的过程中，农村金融学科的其他老师对我的帮助也让我受益匪浅。感谢李丹老师毫不吝惜地给予我指导，对于晚辈的问题知无不言，言无不尽，她那非常具有启发性与鼓舞性的指导帮助，是指引我坚持完成论文的精神力量。感谢张启文老师对我的热心帮助，每次见到张老师我的心里都是暖洋洋的。感谢王吉恒老师在课堂上风趣的理论讲解。老师们带给我们的记忆在今后的生活里相信定是歌里面唱的"幸福模样"。

　　在校学习和论文撰写的过程中，特别感谢郭翔宇教授、李翠霞教授、颜华教授、张永强教授、张晓梅教授、刘畅教授等在博士论文开题、中期审核时对论文的具体思路和不足之处提出的修改意见，帮助我更好地完善论文；同时，在校三年的学习与生活离不开杨志武老师、卢达老师、郭昕老师的帮助；也要感谢预答辩、答辩各位专家对我论文提出的宝贵意见。

　　感谢东北农业大学给我提供了如此优秀的平台，在这三年不仅让我享受了丰富的学术资源，而且我还认识了一批很优秀且重情重义的同学。谢谢范老师，正是由于您的机缘我才认识了稳重善良的翟涛师兄，踏实靠谱的张国富师兄，聪明开朗的许红钻师姐，帅气可爱的师弟师妹们。范老师的师妹——银保监会的热情豁达的万敏师叔，虽然我们之前素未谋面，但您还是耐心细致地解答我的疑惑，并且热心地提供我所需要材料。周慧秋老师门下热情聪慧的侯代男师姐，无论工作多忙，遇到模型等技术难题都会第一时间给我详细解答。张启文老师门下热心博学的黄可权师兄，毫不吝惜地给我数据材料，帮助我完成数据搜集。还有齐齐哈尔大学温柔善良的周晶晶老师、美丽漂亮的邰志博老师在问卷发放、收回与改善时给予我很大帮助，还要感谢被调研地区领导、金融机构工作人员、农户对调研的大力支持和配合。诸多感动，这里不再一一道谢，仅以集合形式一并致谢。

谢谢身边的朋友一路互相扶持，你们是我最大的财富，三十余年的岁月累积与沉淀，最幸运的就是认识你们，拥有你们让我的生活迸发光彩，让我不惧未知前路的艰辛。你们的名字我不说出，我会永远记在心里。

最后要感谢我的家人，在我生活和求学道路上对我浓浓的爱和默默的支持，给予我求学的勇气和动力。

图书在版编目（CIP）数据

农地经营权抵押融资的实施效果及对供需主体行为影响研究 / 陈淑玲著 . —北京：中国农业出版社，2022.6

ISBN 978 - 7 - 109 - 29460 - 8

Ⅰ.①农…　Ⅱ.①陈…　Ⅲ.①农业用地—产权—抵押贷款—研究—黑龙江省　Ⅳ.①F832.43

中国版本图书馆 CIP 数据核字（2022）第 088176 号

中国农业出版社出版

地址：北京市朝阳区麦子店街 18 号楼

邮编：100125

责任编辑：姚　佳　　文字编辑：王佳欣

版式设计：王　晨　　责任校对：周丽芳

印刷：北京中兴印刷有限公司

版次：2022 年 6 月第 1 版

印次：2022 年 6 月北京第 1 次印刷

发行：新华书店北京发行所

开本：700mm×1000mm　1/16

印张：13.75

字数：200 千字

定价：88.00 元